ユースワークとしての若者支援

場をつくる・場を描く

平塚眞樹【編】
若者支援とユースワーク研究会【著】

大月書店

はじめに

本書は、若者支援と呼ばれる実践現場の関係者や支援者の方々、その政策・行政に携わる方々、当該分野を学び、研究する方々をおもな読者に想定しつつ、若者の現在と未来に関心を寄せるすべての方々に向けて編んだものです。

本書を刊行する目的は、若者支援実践が本来大切にすべき価値について、実践者間での共有化を図るとともに、社会における理解を高めていくための〝触媒〟になることです。そのために私たちが手がかりとしているのは、若者支援をユースワーク（Youth Work）の視点で考えること、なかでも「場をつくる」という視点です。

すべての子ども・若者たちにとって、安心して過ごし、やってみたいことに取り組めて、さまざまな人と交われる〝場〟が必要だ、これが私たちの主張です。したがって、〝場〟をつくり、育てることに専門性をもって関わる仕事・実践者が不可欠だとも考えています。そのことを、ユースワークの公的制度が発達している欧州（とりわけイギリス・フィンランド）から学んできました。

ひるがえって日本の若者支援を見ると、「場をつくる」価値が着目されることは多くありませんでした。特に政策や行政において関心が向けられてきたのは、「若者個人」の〝能力・スキル・意識〟を高めることではないでしょうか。私たちももちろん、若者一人ひとりが豊かに育っていくことを願っています。だからこそ、〝場〟が必要だと考えるのです。

とはいえ、〝場〟とはつかみどころがない概念で、「場をつくる」価値について説得力をもって伝えることは容易でありません。そこで私たちが試みようとしているのは、「現場のストーリーを語り(Storytelling)、描き(Documentation)、伝える(Publishing)」という手法です。

本書では日欧13本のユースワーク・若者支援のストーリーと、2本のユースワーカーのインタビューを掲載しています。これらは、研究会の実践者メンバーが各自の仕事をふりかえり、「これが場をつくる若者支援だ」と思える経験を語り、聴きあい、描き、読みあい、何度も推敲し、集団的に作成してきたものです。一つひとつの個別具体的なストーリーを通じて、私たちは若者支援におけるユースワークの視点、とりわけ「場をつくる」価値を伝えようとしています。

お読みいただいて、何かが伝わればと願っています。さまざまなご意見、ご批判もお待ちしています。

なお、当事者保護のために、各ストーリーに登場する人名、並びにストーリー1、2、3は語り手の人名も仮名です。また固有名詞や事実経過を少し加工している場合もあります。

本書の制作主体は、「若者支援とユースワーク研究会」です。本研究会は、2012年から3期(2

022年度現在）にわたり、日本学術振興会の科学研究費助成事業を受けて、若者支援に関わる全国の実践者と研究者が参加して取り組んでいる〝場〟です。研究会では本書と共に、ウェブサイトも運営していますので、あわせてご覧いただけたら幸いです（ウェブサイト https://www.learning-youthwork.com/）。

これまで助成を受けた日本学術振興会科学研究費事業

(1)2012～2015年度 基盤研究（B） 課題番号24330222「若年支援政策の評価枠組み構築に向けた日欧比較研究～「社会的教育学」援用の可能性」

(2)2016～2020年度 基盤研究（B） 課題番号16H03772「若者支援における場の教育的価値～ユースワークの日欧比較」

(3)2020年度～2023年度（予定）基盤研究（B） 課題番号20H01636「若者支援・ユースワークに関わる専門性の育成・評価をめぐる国際的共同研究」

若者支援とユースワーク研究会

（代表　平塚　眞樹）

目次

3 若者が育つ場をつくる

1

若者支援と ユースワーク

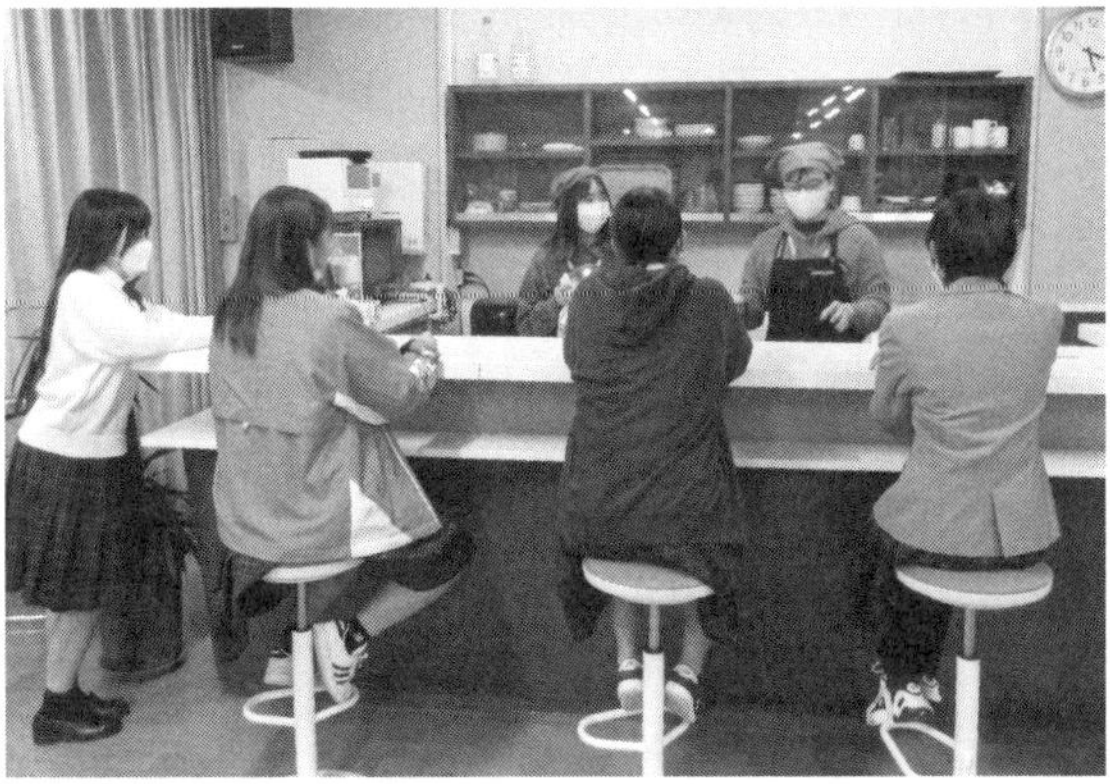

ユースワークの場：ユースカフェ（京都市内）

この章では、本書の前提として、❶では、おもに政策面での日本の「若者支援」の現状、歴史、課題について確認する。日本で、長らく若者支援が公的課題にならなかったのはなぜか、また今日の「若者支援政策」の抱える矛盾がどこにあるのかについて、考えていく。
❷では、その矛盾を越えていく方途として本書が問いかけたい仮説を記す。その一つは、「ユースワーク（Youth Work）」としての若者支援、とりわけ「場をつくる実践」という視点、もう一つは、実践者による「場のストーリーを語り、描き、伝える」取り組みである。

1

日本の若者支援をとりまく状況

南出 吉祥・乾 彰夫

若者支援が政策課題として浮上してから、すでに20年ほどが経過しているが、実態はいまだ混迷の渦中にある。実情にそぐわない成果への追い立てや、営利企業の参入も含めた委託をめぐる競争構造など、不安定な状態がもはや常態化している。

こうした不安定さの要因には、さまざまな事情が重なりあっているが、その一端として、そもそも若者支援とはどういった実践であり、何を目的におこなわれるのかという部分が曖昧なまま、政策が進められている点があげられる。

そうした課題に対し、本書はユースワークという視座から若者支援実践を同定・強化していく試みであり、本節ではその前提認識として、日本の若者支援がおかれている実情について確認していく。

（1）若者支援施策の概況

若者支援とはさまざまな実践・施策の総称であり、その外延を定めるのも難しいが、ここでは国や自治体が進めているおもな施策を概観してみたい。

●若年者のためのワンストップサービスセンター（ジョブカフェ）

不安定雇用に従事する若者たちが、安定的な仕事に就いていくために、職業紹介や就職活動支援などを一体的におこなう機関が「若年者のためのワンストップサービスセンター（ジョブカフェ）」である。国の若者支援政策の目玉として２００４年から設置が始められ、都道府県自治体が就職支援企業に委託する形式で運営されている。ハローワークや若者サポートステーションなどと連携しながら支援が進められているが、地域によっては高齢者や外国人、女性の再就職支援など若者以外を対象とした就職支援を一体的におこなっているところもある。

●地域若者サポートステーション（サポステ）

社会的な所属を失い立ち止まる若者たち（主たる対象とされたのは、「ニート」と称される若年無業者）に対し、伴走的かつ包括的な支援をするための窓口として位置づけられたのが、「地域若者サポートステーション（サポステ）」事業である。相応の支援実績のある民間支援団体に委託する形式で、２００６年から国の事業として始められ、２０２２年時点で全国１７７か所になっている。相談支援や他機関への誘導、社会参加支援、職場体験などの活動が、地域の実情に即して展開されている。

●子ども・若者総合相談センター

上記二つは厚生労働省の事業であるが、内閣府が音頭をとって推進しているのが「子ども・若者総合相談センター」である。２０１０年に制定された「子ども・若者育成支援推進法」に基づく総合的な相談窓口として、地方自治体が独自に設定している支援機関で、２０２２年4月時点で全国79か所となっている。運営主体や支援の内容・規模などは地域差が大きく、自治体内の既存の相談窓口に併設されているだけのところもあれば、新規の支援機関として民間団体に委託し独自の取り組みを展開しているところもあり、全体状況の把握はされていない。

●青少年教育施設

一般的には若者支援として認知されることは少ないが、一部の都市では中高生も含めた青少年に活動の場を提供する青少年教育施設が設置・運営されている。「青少年活動センター」「青少年会館」「ユースプラザ」など、名称は自治体ごとに異なり、その全体像・実数などは把握されていない[1]。施設により設備・活動内容は異なるが、会議室や体育施設、ダンスホールやスタジオ、舞台などがあり、若者がさまざまな活動に取り組むための社会資源となっている。

その他、社会的養護関連施設出身者への支援や障がい者向け就労支援など、特定の課題に対応した対象設定で、実質的には若者層が対象となっている施策もあるが、明確に「若者」を対象にした施策としては、上記四つの事業が代表的なものとしてあげられる。

ただ、この四つは若者支援施策として並列されているわけではない。この間の若者支援施策は、「困難を有する子供・若者」への支援を軸に展開されており、青少年教育施設についての位置づけは弱い。[2]

また、支援機関の数も規模もきわめて限定的であり、都市部に偏っているなど地域ごとの格差も大きく、支援を必要としている若者たちに届いていない。そもそもこうした機関があること自体が知られていないという認知的な障壁[3]がまずある。さらに、知っていたとしてもアクセスすることが難しいという地理的・経済的な障壁もあり、そこで支援を受けたいとは思えないという心理的・社会的な障壁もある。

このように、若者支援施策は２０００年代以降さまざまな広がりをもち展開されてきたが、それを活用している若者はごく一部に限られている。学校や企業から排除された若者たちへの支援がほとんど存在していなかった時点から比べれば、多少なりとも前進したととらえることもできるが、のちに見るように、この間の若者支援政策が掲げている「自立支援」という方策は、問題をいっそう個人化し、若者問題をさらなる隘路に導いている側面もある。

(2) 1960年代「若者問題」に対する日本の対応

2000年代初めに登場する「若者自立・挑戦プラン」等の若者政策のもつ特質は、その時期の世論や政治動向などとともに、日本社会がそれまでに若者問題をどのように引き受け、対応してきたか(あるいは対応せずにきたか)という点にも深く関わっている。

若者をめぐる問題が社会に浮上し、政策的課題として認識されるのは、先進諸国のなかでこれまで大きく二つの時期があった。一つは1950〜60年代、もう一つは1990〜2000年代である。前者は大きくは社会の近代化、産業化、都市化といった「近代(modern)」問題と重なり、後者はグローバル化や新自由主義の蔓延などと、とりわけ若者の移行危機といった「後期近代(late modern)」問題を背景とする。

ヨーロッパにおける経過については、次節**2**も参照いただきたいが、1950〜60年代においては、ユースセンターなど公的でユニバーサルなユースサービスが整備されるようになった[4]。また若者だけを対象にしたものではないが、保険制度と別に無拠出制の失業手当などが整備されたことも、失業保険受給に必要な拠出期間を満たせない若年層の自立にとって大きな意味をもった。

一方、1990〜2000年代には若年就労の不安定化が「社会的排除層」と呼ばれるさまざまな困難を重複的に抱える層を生み出し、各国はこうした「困難な若者」へのターゲット型の施策(イギリスにおけるコネクションズなど）や就労スキル等を高めるためのアクティベーション・プログラムを実施した。[5]

日本もヨーロッパなどには遅れたものの、１９６０年代には「近代」的若者問題への対応を迫られた。１９５０年代半ばに始まる高度経済成長のもとで、集団就職などを通じ若者は都市に集中した。特に60年代半ば頃までその多くは中卒の若者たちで、生地を離れ孤立しがちであった彼らのなかで、『葦』『人生手帖』などの投稿誌を通じての交流や歌声喫茶などの集いの場、「若い根っこの会」などの交流組織が自然発生的に広がった。[6] 投稿誌の多くは誌面を通じての交流ばかりでなく、対面での読者交流会（今で言うオフ会）なども設けていた。[7] 民主青年同盟や社会主義青年同盟などの社会運動組織、創価学会青年部などの宗教組織も多くの参加者を集め活発に活動するようになった。

活動は自発的取り組みにとどまらず、公的社会教育も、都市部の公民館などを通じてさまざまな若者対象のプログラムを用意するようになった。[8] 社会教育はそれ以前、１９５０年代から農村部で、青年団などと連携して、地域公民館における青年社会教育にも広く取り組んできた。[9] 高度経済成長による若者の都市流出にともない、取り組みの多くは衰退したが、その経験は生活記録や生い立ち学習などとして60年代以降の都市社会教育にも受け継がれた。さらには、公的社会教育と並行して、勤労青少年ホームや青年の家など、地域の若者に開かれたユニバーサルな施設が60年代以降各地に設立されるようになる。[10] こうした公的社会教育や勤労者青少年事業の取り組みは、わが国における公的でユニバーサルなユースサービスの萌芽になった。

しかし1970年代以降、こうした動向は大きく変化し、勤労青少年ホームなど誕生したばかりのユニバーサルなユースサービスも、次第に利用者減などの困難に直面するようになるとともに、これ以降長らく若者政策の不在状態が続くことになる。その要因の第一は急速な高校進学率の上昇である。60年代にこれらの施設の利用の多くを占めていた中卒青年層自体が進学率の上昇により減少するとともに、日本の中学校・高校はヨーロッパ各国のそれらと違い、部活動や校則などを通じて放課後や休日の生活の多くをもカバーし、保護・管理した。そのため中高生がこれらの施設やプログラムを利用することは、ごく一部に限られていた。

第二は1960年代を通じて定着した企業の新規学卒採用方式である。ヨーロッパの多くの国では、景気後退などの際には経験の少ない若年者がいち早く解雇され失業を経験する。したがってそれに対応するためには無拠出制の失業手当等が不可欠であった。しかし60年代後半からオイルショック直前の70年代初頭までの大きな労働力不足に加え、基幹労働力を新規学卒採用し企業内訓練で育成するという「日本型雇用」の定着は学校から企業への「スムーズな移行」を可能にすることで若年失業を低く抑え、若年失業等が社会問題になる状況を回避させた[11]。そのため、無拠出制の失業手当の創出や移行期を支える社会制度の必要性を見えづらくさせた。第三は企業による若年労働者の囲い込みである。若年労働力不足などを背景に社員寮等が広がるとともに、離職防止と左翼運動への対抗のため、レクリエーション活動をはじめ私生活まで含む「面倒見の良い」新入社員教育の徹底が各企業で広がった。

こうした1970年代以降の推移のもとで、若者を家庭・学校・企業の三者が囲い込む「戦後型青年期」[12]が形成され、2000年代初頭にいたるまでのおよそ30年間、教育政策を除く若者政策の不在が続くこととなった。そしてそのことは、1990年代に「移行危機」が大きく生まれた際にも、その問題の本質の認識を誤らせることにつながった。たとえばユニバーサルなユースサービスの存在は、ヨーロッパでは地域コミュニティのなかで困難な若者たちを支える重要な場になっていた。また無拠出制失業手当の存在は、生活困難な若者の増加の敏感な感知を可能とし、給付手続きなどを通して彼らに関わることも可能だった。[13]しかしそうした手段を欠いていた日本では、1990年代の学卒無業層やフリーターなどの増加を「生活困難な若者の増加」と見るよりは、「就労意欲の低下」など若者の意識に求める言説を容易に広げることとなった。

(3) 若者支援政策の展開

現行の若者支援が必要となり、社会課題としても浮上してきたのは、1990年代以降の雇用構造の転換に起因する。前項で述べたように、高度経済成長期以降の日本社会では、多くの若者が家庭・学校・企業の三者に囲い込まれて成長を遂げる「戦後型青年期」の体制がつくられ、若者への支援は公的な課題として浮上してこなかった。一部地域においては、勤労青少年福祉や青少年健全育成なども展開されていたが、それらは周辺化されていた。また学校や企業からの撤退を余儀なくされた若者に対しては、不登校支援や障がい者支援、矯正教育・司法福祉などの領域で部分的にはサポートされていたものの、全体としては不可視化されていた。

しかし、1990年代半ば以降、経済のグローバル競争の進展にともない、高度経済成長期以来の日本型雇用構造は大きく変容し、正社員として企業内に抱え込む労働者を絞り込み、非正規雇用で代替する方向に転じた。それにともない、新卒求人の枠も減らされ、これまで機能してきた「学校から仕事へ」の強固な移行ルートは綻びを見せるようになる。その結果、学校にも企業にも属すことができないまま、不安定な生活・就業状況を過ごす若者たちが急増していった。

そうした「移行の危機」に対する日本の受けとめ・対応には、諸外国とは異なる顕著な特徴があった。それは、社会構造がもたらす危機ととらえず、「職業意識が希薄でやる気のない若者の増加」を「危機」ととらえる言説が喧伝され、政策もそれに誘導されたことである。[14] 1980年代に「会社に縛られない自由な働き方」という意味で「フリーター」という造語がアルバイト情報誌により打ち出され、そのイメージが非正規雇用で働く若者たちに対する理解となっていた。1990年代以降の実態としては、「正社員を希望している」若者が多数派であり、意識の問題ではなく求人数などの問題であるにもかかわらず、社会的対応が必要な課題としての認識は希薄だった。

その後、さらなるフリーターの増加を受けて、2003年には日本初の若者政策と言える「若者自立・挑戦プラン」が策定された。その「本プランの目標」に掲げられたのは、「当面3年間で、人材対策の強化を通じ、若年者の働く意欲を喚起しつつ、全てのやる気のある若年者の職業的自立を促進し、もって若年失業者等の増加傾向を転換させることを目指す」ことであった。そして具体的施策とされたのは、職業意識啓発のためのキャリア教育や、「やる気のある若者」への能力向上策と就職支援機関の設置（ジョブカフェ、ヤングジョブスポットなど）などであり、雇用構造のあり方への取り組みは示されなかった。

さらに、さまざまな理由から働く意思・気力を奪われ、就職活動にも向かえない若者たちの存在も可視化され、「フリーター」に代わり「ニート」（若年無業者）が社会的バッシングの対象になった。そして、それに対応するために、合宿型の支援をおこなう「若者自立塾」（２００５〜２００９年）や、「若者の自立を支える」ことを銘打った「地域若者サポートステーション」（サポステ）が設置されることとなった。しかし、支援を受けている間の生活費や支援にともなう費用負担は親・家族任せであり、若者向け社会保障は未整備のままに据え置かれていた。

その後、２００８年のリーマンショックを機に、若者の「移行の危機」はいっそう厳しくなる。生活困窮者の増大にともない、一部で社会保障が整えられた部分もあるが（職業訓練受講給付、住宅支援給付など）、給付には世帯全体の収入も要件に入っており、親元で暮らす若者は対象になりづらいという制約もある。これ以降、パーソナル・サポート・サービス（その後に「生活困窮者自立支援」へ）や、ひきこもり地域支援センター、子ども・若者総合相談センターの設置など、同種の支援窓口が多数設置されるようになったものの、サポステ不要論や事業評価における就労達成の強化など、若者支援政策は紆余曲折を経ていく。

（4）「自立」への追い立て

以上のような若者支援政策は、一部例外はあるものの、基本的には「若者への働きかけ」という形で一貫している。雇用の不安定化や若者向け社会保障の未整備状態など、若者の生活を不安定化させている構造的な要因には手を付けないまま、[15]若者個人のエンプロイアビリティや意欲の不足を問題として、「相談支援」や「職業体験」などの個別アプローチで困難な状態を乗り越えていくという方向性がとられている。[16]活用できる制度・資源もないまま、ただ支援の窓口を拡げていくことで、「社会への適応」に向けて若者個人の努力を促すことが「支援」の内実となっていく。[17]

欧州では、失業給付などの社会保障と引き換えに求職活動や教育訓練への参加を義務づけるアクティベーション政策がとられていたが、日本では引き換えとなる社会保障が不在であり、その代わりに採用されたのは、世間の若者バッシングを背景にした当事者・家族の規範動員であった。[18]そのため、若者支援はそうした条件のない若者へアプローチできておらず、そもそも対象が偏っているという指摘もされている。[19]

また、若者支援政策は一貫して「就労自立」へ向けたサポートという方向性が強く打ち出されている。若者が直面している困難は就労に関わる問題だけでなく、家族関係や生活問題、対人不安や社会経験の乏しさなど多岐にわたっているが、施策の成果を測る指標として用いられたのは、結局のところ外在的な把握が容易な就労達成率であった。その成果を求める圧力は、事業の委託費にも連動しつつ年々強まり、支援活動の幅を狭めている。

こうした「自立支援＝就労自立への追い立て」は、若者支援だけの話ではなく、ホームレス自立支援法（２００２）、生活保護自立支援プログラム（２００３）、障害者自立支援法（２００５）など、２０００年代に展開される各種支援全般の政策基調となっている。そこで「自立」という語に込められているのは、就労して得られる稼ぎによって生活を成り立たせていくことで、公的福祉サービスへの依存を脱していくという方向性（行政への依存から企業への依存へ）である。[20]しかし、日本では若者の場合、活用できる公的制度や保障が不在であり、「行政への依存からの脱却」という図式は通用しない（「ホームレス」も同様だが）。そこでイメージされている「自立」像は、親に扶養され生活を成り立たせている子ども期から脱却し、自身で稼いで親に頼らず生活していけるようにという方向性である。そこから、若者支援政策は「（大人になり切れていない若者を）いかに大人にさせるか」ということが主題となってきた。

しかし、発達段階としての若者期は、さまざまな試行錯誤を経て徐々に大人へと近づいていくプロセスにこそ重要な意味がある。[21]だとすれば、若者期に必要なのはその試行錯誤の保障であり、一足飛びに大人にさせていくことではないはずである。ひとまず就労達成をめざす就労支援に限定化して見ても、実践の場では「就職できればＯＫ」ではなく、就職に向けたさまざまな取り組みを積み重ねていくなかで、「働ける自分」や「周囲の他者・社会への信頼」などを獲得していくことが重視されている。就労達成は結果としての到達点にすぎず、本来は支援の目的に据えられるものではないはずである。

つまり実践の場では、十全な若者期（試行錯誤のプロセス）の保障それ自体が若者支援の主たるねらい・目的であり、その結果として「大人になる」ということが達成されていくのである。しかし、政策により成果に追い立てられていけばいくほど、結果が目的へとすり替わり、本来の目的は後景に追いやられ、実践がやせ細っていく。そうした「大人にさせる」という政策理念と、「若者期を保障する」という実践理念とのズレは、さまざまな場面で不協和音をもたらし、それが冒頭で記した若者支援の混迷と不安定化へと結びついている。

おわりに――「若者期の保障」としての若者支援

「若者支援」という語が用いられ、社会的にも定着してきたのは、困難な状況に陥る若者が増えてきて以降の話であり、どうしても「困難な状況の解決」にばかり関心が向けられる。たしかに、困難な状況に陥ってしまった若者を支えていくための体制整備は欠かせないが、そもそも困難な状況に陥らないための社会環境の整備こそが不可欠の課題である。

その観点からすると、雇用環境の整備・規制や若者向け社会保障の確立が急務の課題となるが、それと同時に、さまざまな活動や他者とのやり取りを経験しうる場・機会の保障もまた求められてくる。学校や企業から排除された若者たちが直面する困難は、社会的所属の喪失や経済的危機だけにとどまらず、学校や企業で得られていたはずの経験や育ちの機会を失うという問題でもある。

そのことをふまえれば、「若者支援」を「困難を有する若者への支援」と限定してしまうのではなく、そうした支援を含みつつ、すべての若者に開かれた「若者期の保障」としてとらえていくことが求められてくる。そのために必要な実践的アプローチが、本書で提起する「ユースワーク」であり、若者支援の混迷状況を実践内在的に乗り越えていくための手立てになるのではないかと考えている。

【注】

1 「令和3年度社会教育調査」によれば、「青少年教育施設」のうち、「少年自然の家」「青年の家」「児童文化センター」「野外教育施設」を除く施設数は413となっているが、どういった施設がここに該当しているのかは把握されておらず、実数は見えづらい。旧労働省管轄の勤労青少年ホームと旧文部省管轄の青年の家、自治体独自で設定している青少年教育施設など、若者向けの公共施設の管轄は国レベルでも自治体レベルでも多様であり、歴史的な変遷も著しく、その点も把握を難しくさせている。こうした青少年教育施設の多義性については、青山鉄平（2005）「〈青少年教育施設〉の諸相」『国立青少年教育振興機構研究紀要』8、77-89。その歴史的変遷と課題については、上野景三（2002）「青少年教育施設の変遷と課題」日本社会教育学会編『日本の社会教育第61集　子ども・若者と社会教育』30-41、東洋館出版社。

2 国の施策方針をまとめた「子供・若者育成支援推進大綱」では、「困難を有する子供・若者やその家族の支援」だけでなく、「全ての子供・若者の健やかな育成」という項目も設けられているが、そこに青少年教育施設に関わる記述はなく、「地域全体で子供を育む環境づくり――体験・交流活動、外遊び等の場の整備」の一環として言及されているのみである。

3 内閣府「平成24年度若者の考え方についての調査」では、15～29歳の若者3219人のうち、ジョブカフェの認知度は23・6％、サポステは6・6％にすぎない。ニート状態を経験した若者に限ってみても、ジョブカフェ36・5％、サポステ11・8％にとどまっている。

4 乾彰夫（2018）「This is Youth Work の背景──2000年代イギリス・ユースワークの置かれた状況とストーリー・テリング」平塚眞樹編・若者支援とユースワーク研究会著『若者支援の場をつくる』1、Kindle 版、Davies, B.（1999）. *From Voluntaryism to Welfare State: History of the Youth Service in England Vol.1*, Leicester: National Youth Agency.

5 アクティベーション政策とは、失業手当や生活保護などの社会保障受給者に対し、求職活動やスキルアップ・資格取得の教育訓練プログラムへの参加を義務づけ、就労等を促していく政策である。この政策が広がる背景には、グローバル化や規制緩和などのもとで若者を含め長期にわたって生活困難に陥る者たちが増加したことに加え、増加する社会保障費用の削減という目的もあった。中村健吾（2019）「アクティベーション政策とは何か」『日本労働研究雑誌』713、4−16、乾彰夫・平塚眞樹（2011）「ポスト産業社会イギリスにおける若者の移行過程変容と若年支援政策」鈴木敏正・姉崎洋一編『持続可能な包摂型社会への生涯学習──政策と実践の日英韓比較研究』109−134、大月書店、井上慧真（2019）『若者支援の日英比較──社会関係資本の観点から』晃洋書房。

6 福間良明（2020）『「勤労青年」の教養文化史』岩波新書。

7 阪本博志（2000）「戦後日本における『勤労青年』文化──『若い根っこの会』会員手記に見る人生観の変容」『京都社会学年報』8、97−122、京都大学。

8 那須野隆一（1995）「生活史学習と生涯学習──『私史覚書』青年教育の戦後五〇年後半史」『月刊社会教育』39（9）、60−67。

9 大串隆吉（1998）『日本社会教育史と生涯学習』エイデル研究所。

10 京都市ユースサービス協会やさっぽろ青少年女性活動協会などの前身。なお勤労青少年ホームは1970年の青少年福祉法制定以前から広がっており、札幌市は1964年に勤労者青少年ホームを開設、京都市は1960年に京都市青年の家を開設した。

11 乾彰夫（1990）『日本の教育と企業社会──一元的能力主義と現代の教育＝社会構造』大月書店。

12 乾彰夫（2000）「『戦後的青年期』の解体」『教育』650、15−22。

13 他方で受給者増による財政負担などを理由に給付額の切り下げや最低年齢引き上げに進んだイギリスの例などもある。注5の乾・平塚（2011）。

14 当時の若者認識については、「若年の転職志向の高まりややる気のなさなど、就業観の変化や勤労意欲の低下といった労働供給側の問題」（「平成15年版国民生活白書」）などに見ることができる。

15 若者支援政策が着手されるようになった2004年には、一方で労働者派遣法の規制緩和（原則自由化）も実施されており、「手を付けない」どころかむしろ状況を悪化させる政策が打たれてもいる。

16 「社会構造へのアプローチ」と「個人への働きかけ」の関係について、欧州での展開を概観し整理した平塚眞樹（2009）「大人への〝わたり〟の個人化」『生きる意味と生活を問い直す――非暴力を生きる哲学』180‐202、青木書店、および日本の若者支援政策について分析した平塚眞樹（2012）「子ども・若者支援の政策と課題」田中治彦・萩原建次郎『若者の居場所と参加――ユースワークが築く新たな社会』52‐69、東洋館出版。

17 岡部茜（2021）「若者を食べ吐きする『若者自立支援政策』」『大原社会問題研究所雑誌』753、4‐17。

18 トイボネンはその構図を「象徴的アクティベーション（symbolic activation）」と称し、分析している。Toivonen, T. (2013). *Japan's Emerging Youth Policy: Getting young adult back to work*, Oxon: Routledge.

19 原未来（2022）『見過ごされた貧困世帯の「ひきこもり」――若者支援を問いなおす』大月書店。

20 この各種自立支援政策に対しては、社会保障の後退や自己責任圧力などさまざまな観点からの批判が展開されている。中西新太郎（2007）「『自立支援』とは何か」後藤道夫ほか『格差社会とたたかう――〈努力・チャンス・自立〉論批判』177‐216、青木書店、唯物論研究協会（2016）『自立と管理／自立と連帯』大月書店、桜井啓太（2017）『〈自立支援〉の社会保障を問う――生活保護・最低賃金・ワーキングプア』法律文化社など。

21 「アイデンティティの確立／拡散」の間で揺れ動きながら、さまざまな自己像を社会との関わりのなかで試行していくというエリクソンのアイデンティティ論を念頭においている。Erikson, E. (1968). *Identity: Youth and Crisis*, New York: W.W. Norton & Company（中島由恵訳『アイデンティティ――青年と危機』新曜社、2017年）。また、移行の危機に際して、「媒介的コミュニティ」への参与を通して社会参加を果たしていくという指摘もある。乾彰夫・児島功和（2014）「後期近代における〈学校から仕事への移行〉とアイデンティティ」溝上慎一・松下佳代編『高校・大学から仕事へのトランジション――変容する能力・アイデンティティと教育』215‐236、ナカニシヤ出版。

2

ユースワークとしての若者支援

――場をつくること／ストーリーを語り描くこと

●――平塚 眞樹

本章❶で私たちは、日本における若者支援政策が、「困難を有する」若者個々人を「就労自立」に追い立てている状況を示し、「若者支援」は本来「困難を有する若者」も含みつつ、すべての若者に開かれた「若者期の保障」ととらえる必要があると提起した。また、そのための社会環境の整備として、雇用環境や社会保障とともに、子ども・若者を育てる、さまざまな活動や関係を経験できる場・機会が不可欠であると示した。

本書では、日本の若者支援が抱える課題、矛盾を越えていくために、二つの戦略を提示しようとしている。それは一つには、雇用環境・社会保障等と並ぶ「若者期の保障」の一環として、「ユースワーク（Youth Work）」の視点を若者支援に位置づけ、なかでも、「場をつくる実践」の価値に着目することである。もう一つは、若者支援実践への社会的理解を広げ、同時に実践者を育てる方策として「現場のストーリーを語り（Storytelling）、描き（Documentation）、伝える（Publishing）」取り組みを提起することである。

二つの戦略の何たるかは、本書の中心をなす日欧の「場をつくる」若者支援・ユースワークのストーリー（2、3章）とその省察（4章）を通して伝えたいが、本節ではそれらを読むための最低限の前提として、（1）ユースワークとは何か、（2）「場をつくる」とは何か、（3）ストーリーを語り・描き・伝えるとは何かに関し、若干の説明を試みたい。

なおユースワークは北米、豪州等も含めて展開しているが、私たちは欧州のユースワークから学んできたため、本書における言及は、欧州（とりわけイギリス・フィンランド）の例に基づいていることをおことわりしておきたい。

（1）ユースワークとは何か？

はじめに、ユースワークとは何かについて素描したい。

ユースワークとは、おもに10代の子ども・若者の育ちを地域コミュニティで支える活動である。[1] 学校教育がフォーマル教育と呼ばれるのに対して、インフォーマル教育と呼ばれることもある。子ども・若者は自分の意思で自由に場に参加し、そこで働くユースワーカーと呼ばれるスタッフや他の若者と共に、自分がやりたい活動を楽しむという「自主性（voluntary）の原則」がユースワークではもっとも大切にされている。来るのもやめるのも、若者の自由である。

●ユースセンターとユースワーカー

イメージを共有するために、欧州のユースセンターとワーカーの様子を少し紹介すると、以下のような感じだ。

利用者の子ども・若者は徒歩か自転車でユースセンターにやってくる。入口近くには、たいてい大きなプールバー（ビリヤード台）があり、ユースセンターに立ち寄る、いわば取っかかりのような存在になっている。

ユースセンターに来るのに目的や理由は必要ない。利用料金も基本的に必要なく、音楽スタジオなどの予約が必要なスペースを除いて、事前予約も不要だ。〝気が向いたときに何となく立ち寄り（just coming）〟、時間つぶしをするだけでもまったくかまわない。プールバーは、一人で訪ねて少し所在ないときでも、知らない者同士が自然に交わりやすい〝道具〟でもあるのだろう。

室内にはほかに、くつろいで雑談ができるソファスペース、少人数で話や作業ができる小部屋、自分たちで使えるキッチンなどがあり、これに加えて、音楽スタジオ、運動施設（体育館）、パソコンが使える部屋、オーディオルーム、裁縫・クラフト用の部屋、アート活動のアトリエ、農場やガーデンがある場合もある。これら多様な道具や空間を用いて、ユースセンターでは音楽、アート、スポーツ、演劇、食事・お菓子づくりなどのさまざまな活動を展開している。

子ども・若者の育ちの過程にはしばしば生きづらさがともなう。厳しい育ちの環境のもとにある子ども・若者にとっては、いっそうそうだ。彼・彼女らが、音楽、アート、スポーツ、演劇などの〝好きなこと〟を見つけ、楽しむ場をもつことは、時間つぶしや気晴らしになるだけではない。学校、家庭、職場などで常にうまくいくわけでない今を、自分の尊厳を守りながら生き抜き、自らを表現していくうえでの〝よりどころ〟、言い換えれば〝我々の文化〟を身につけていくことでもある。

ユースワーカーの仕事は、一言で言えば、若者たち誰もが愛着をもって安心して楽しく過ごせる場を、若者や同僚たちとつくっていくことだ。そして、その場で若者たちが何かに関心をもち、自ら関わり、周囲との接点やつながりを得て世界を広げていけるよう、若者と他者、若者と活動（環境）を媒介する。

たとえば音楽スタジオを使ってバンド活動をする際、そこに音楽に詳しい大人がいると若者たちの関心を喚起し、活動の刺激になることもある。映像制作も若者に人気がある分野だが、やはり撮影や編集について相談できる大人がいると助けになる。そのためユースワーカーのなかには、ユースワークに関する学習や職業資格とともに、アート、音楽、ドラマ、調理などの「活動」に関わる学習、経験、資格をもつ人が多い。

●近代化が生み出したユースワーク

ユースワークは、産業革命以降の産業化と都市化にともない、当初ボランタリーな活動として生まれた。一方では、産業革命が生み出した中産階級（ミドルクラス）の間に、自我の試行錯誤期としての青年期や余暇時間が生まれたことにともない、ＹＭＣＡなどのキリスト教系青年組織やボーイスカウトなどの青少年活動など[2]、余暇・文化活動としてのユースワークが生み出される。他方で、産業革命以降の都市における貧困・スラムの発生は、さまざまな慈善活動、社会改良活動を生み出したが、なかでもセツルメント活動[3]などの一部としての子ども・若者を対象とした取り組みは、ユースワークのもう一つの起源となった。

その後、第二次大戦前後と戦後福祉国家の形成過程で、国・自治体の関与が始まる。イギリス（イングランド）では、１９４０年前後に「青少年福祉（youth welfare）」としてユースサービス（Youth Service）が初めて公的に認知され[4]、１９６０年に教育省が公表した「イングランドとウェールズにおけるユースサービス（アルバマーレ報告[5]）」が契機となり、あらゆる若者にユースワーク（ユースサービス）を提供することが公的責任とされ、各地でユースセンターの設置や、ユースワーカーの育成・雇用が始まった。

フィンランドやアイルランドなど、国内法でユースワークを規定している国もある。各国単位だけでなく、欧州評議会（Council of Europe）や欧州連合（ＥＵ）も、ユースワークをはじめとした若者政策を推進してきた。子ども・女性・高齢者・障がい者らと共に若者（Youth）の福祉もまた、欧州では福祉国家体制の一部に位置づけられ、その取り組みとしてユースワークが制度化されてきた。

●ユースワークの揺らぎと問い直し

その後ユースワークは、1980年代以降の新自由主義化やグローバリゼーションによる福祉国家の揺らぎのなかで、各国それぞれの試練に直面する。公的支出の抑制・削減、数値目標やアウトカム(成果)等の事業評価志向の強化、「社会的排除」の顕在化と「社会的包摂」への関心の高まりなどが複雑な形でユースワークのあり方を揺さぶってきた。

2000年代以降にイギリス(イングランド)などで進行したのは、自主性(voluntary)を重視し、誰もに開かれた活動(universal, open access)である従来のユースワークから、「困難な」若者に焦点化(target)し、若者個人の(individualized)スキルアップなどに寄与するユースワークへのシフト、そして、時間をかけて信頼関係を築きながら活動をつくっていくプロセス重視のあり方から、一定期間内に成果(outcome)を求めるあり方へのシフトである。[6]

こうした政策動向に対して、実践現場や研究者の間では、ユースワークの本質や価値をあらためて問い直し、討議を重ね、世に問う活動や研究が展開されている。私たちが欧州から学んできたのはそれらであった。高度経済成長期以降、子ども・若者の時間と空間を、家庭・学校・企業が囲い込んできた日本社会と、青少年福祉の制度としてユースワークを発達させた欧州の間には、顕著な歴史の違いがある。しかし2000年代以降、若者支援が急速に広がった日本における、対象者を限定し、短期間で成果を求める政策動向のもとで、現場の実践者たちが抱える葛藤や悩みは、福祉国家が揺さぶられる欧州のユースワーカーたちのそれらと驚くほど共通している。

●ユースワークの何を守るか

ユースワークの本質的価値をあらためて問い直す取り組みは、欧州各地で有意義なアウトプットを生み出してきている。ここでは私たちがそのなかでも重要と考える知見を一つ紹介したい。

それは、イギリス（イングランド）で活動してきたＩＤＹＷ（In Defence of Youth Work）が示す「ユースワークの基礎（'Cornerstones' of Youth Work）」である。ＩＤＹＷは、先述した２０００年代以降のイングランドにおける政策動向を、ユースワークの存立危機ととらえたワーカーや研究者が組織した自主団体である。強い危機感を共有しつつ自分たちの仕事をふりかえり、ユースワークにおいて失うわけにいかない価値は何か論じあい、その過程で、「ユースワークの基礎」をとりまとめた。ここで示されている価値は、日本の若者支援のあり方を考えるうえでも示唆的と考えられ、私たちが本書で提示しようとしている、ユースワークとしての若者支援という視点を端的に表すものである。

●「ユースワークの基礎」

以下、囲み内がＩＤＹＷによる「ユースワークの基礎[7]」であり、その後は私たちの理解である。

1 子ども・若者が、誰でも自分の意思で参加できる、開かれた場で行われる活動であること。

ユースワークが重んじる価値として、国を越えて共通して第一にあげられる点である。ある年齢階層なら誰でも自分の意思で参加できる、開かれた（open access）活動、場であり、「来ることも離れることも」[8]、参加の呼びかけに「応じることも断ることも」[9] 若者の選択や判断に任されている。

開かれた場であることは、〝支援が必要な困難な若者〟を対象にした場にともないがちな「スティグマ」を負わされず、何か悩みがあってもひとまず表に出さずに関わることもできる条件となる。ユースワークの場に関わる動機は、あくまでも「おもしろそう」だからであり「友だちに誘われた」からだ。〝困難な若者〟というラベルなく人として関わりながら、徐々に安心して困りごとや悩みごとも話せる関係をつくることがめざされ、必要を認識した場合には他制度を含めた支援にもつないでいく。

2 子ども・若者自身の興味や関心から始まる、インフォーマルな教育の機会・活動であること。

一般に学校教育はフォーマルな教育と定義されるが、その教育活動は、教育者や行政機関が専門的知見に基づき、カリキュラム、時間割、クラス編成などの時間・空間・組織が設計、制度化され、管理されている。それに対してインフォーマルな教育機会としてのユースワークは、あくまでも、子ども・若者とのなにげない会話、その興味・関心に基づいて、「大人のフィルターを通さず……若者が今いる場所から[10]」活動が始まる。若者が「おもしろそう」と思い、やってみたいことに関心が向けられる。近年は欧州でもユースワークに「カリキュラム」を設けようとする政策動向があるが、本来的には、若者に起点をおき、プロセスを重ねていく実践である。

3 若者たちの「将来」に関心を向けるとともに、「今、ここ（here- and- now）」にいる価値を大切にし、注意を払うこと。

フォーマルな教育（学校教育）は、子ども・若者の〝将来〟のために設計・管理されている。学習者が〝今〟必要と感じなくても「将来役にたつ」と説得されることもある。これに対してユースワークでは、若者が〝今、ここ〟に生きている存在であることが重要だ。そしてその興味・関心から活動をつくり、経験を通じて学び、成長し、将来へとつなぐ。将来に向けて準備中の〝未熟な〟存在として子ども・若者をとらえず、その存在全体を肯定し受け入れる視座は、人権の尊重である。

〝今、ここ〟の重視は、「若者の福祉（the welfare of youth）[11]」全般への視野でもある。ユースワークは当初から、若者の誰もが余暇・文化活動に参加できる条件として、衣食住などの基本的生活環境や保健・衛生などが社会的に保障されることも求めてきた。

4 若者たちの仲間関係やアイデンティティを広く共有しながら活動し、それぞれの人生選択や未来の可能性にとって重要なもの（階級やジェンダー、人種、セクシュアリティや信仰など）を互いに理解しあうこと。

〝今、ここ〟の尊重とは、若者たちが今大切にしていること、すなわちアイデンティティや文化を、ワーカーが受け入れ共有し尊重することであり、若者同士が互いに大切にしているものを共有し尊重しあえる場をつくることである。それは同時に、大切なものが脅かされる場面では、見過ごさずに立ち上がることでもある。「Black Lives Matter」のような差別や抑圧に抗するアクションは、ユースワークの現場では大切だ。

若者が今大切にするものには、社会規範に照らすと「悪」や「不良」が含まれることもある。オープンな場であれば、そこに誰が来ても、誰が誰を誘ってもかまわない。ユースワークでは、良い友だち・悪い友だちといった区別をせず、若者の仲間関係を尊重する。そして大切に思う関係に根ざして活動を展開し、仲間関係ごと育っていく場づくりをめざす。

5 若者たち同士あるいは若者と大人との間に、互いへの敬意や信頼しあえる関係性をつくっていくこと。

ユースワーカーの第一の仕事は、若者たちとの信頼関係構築にある。相互の信頼関係がなければ、それぞれの胸の内を打ち明けることもなく、やりたいことをやりたいと言うこともない。信頼関係なくしてユースワークは始まらない。教育活動はしばしば、「個人」の育成に注力しがちだが、ユースワークでは「関係」を育てることに活動の眼目がある。そのことをM・スミスは、「近年は政策的に個々人の知識・スキルの育成が強調されがちだが、ユースワークにおいては、関係性の構築が理論的にも実践的にも中心となり、関係性はもっとも基礎的な学びの資源になる」[12]と記している。関係性の重視は、ユースワーカーと若者の関係だけでなく、若者同士の関係性も同様だ。「若者同士に縁（関わり）、関係性、コミュニティを育て、それらを介して友情やグループをつくり強めていくこと」[13]が実践の本質である。

6 若者たちの利益になるような、パワーバランスを追求すること。

子ども・若者の生活には、大人同様にさまざまな力関係が存在する。家族内での力関係、若者同士の力関係、地域社会の力関係、学校・行政・警察・ソーシャルワークなどの社会制度との力関係など多層的だ。ユースワーカーの重要な仕事の一つは、こうした力関係を、若者の利益という視点に立って、適切な均衡を生み出すよう支援することにある。

イギリスにおいて、若者と警察との力関係はその典型である。「権力」を背景にもつ警察と若者の間には、本来圧倒的な力の不均衡がある。そのことが時に警察と若者のトラブルを生む。ユースワーカーは両者の間に入り、若者が警察とできるだけ〝対等〟な立場で、自律的に適切なコミュニケーションをとれるよう、力関係のバランスを調整する。

7 ワーカーの存在価値を認識し、自律的に仕事を進められる職場環境の意義を理解していること。即興的でありながらも、よく訓練された実践の重要性を認識していること。

先述のように、ユースワークは、子ども・若者の〝今、ここ〟から活動をつくっていくため、カリキュラム、時間割、クラス編成などの外形的枠組みを本来もたない。活動や場への参加も継続も、若者の自由にゆだねられる。多様な背景や事情をもつ若者たちの、予測できない発言や行動に、日々刻々遭遇しながら、その機をとらえて活動と場をつくっていく仕事である。

たとえば、何にもやる気を見せなかった若者たちが何かに関心を示したとき、ワーカーはその時を逃さず、当人の育ちを想像しながら、関心を活動につないでいけるように機転を働かせる。あらかじめ仕組まれていない、いわば即興的関わりを積み重ねながら、同時に見通しをもって若者たちの育ちに関わる。そのためには、ワーカーには十分な訓練、経験、知見が必要だ。訓練に裏打ちされた即興性こそが、ユースワーカーにとって最も重要な専門性かもしれない。同時に、訓練に裏打ちされながらも、その場その場の瞬時の判断を重ねて実践をつくっていくには、ワーカーにとって、自らの活動の自律性が尊重されている職場環境が不可欠である。

(2)「場をつくる」実践

●〝場〟とは何か?

ユースワークの視点をもって若者支援を考える際、私たちがとりわけ着目したいのは、「場をつくる実践」の価値である。

ただしその議論を進めるためには、そもそも〝場〟とは何かについて、本書における定義を確認する必要があろう。

〝場〟とは、非常に漠然とした言葉であり、その概念や定義については、物理学、地理学、哲学(認識論)、経営学など多方面での長年の議論があり、詳細な紹介・整理はここではとうていできない。本書では、諸学の議論を通じておおよそ共有・共通されていると考えられる知見を確認し、定義としておくこととする。

〝場〟をめぐる議論、理解において私たちが重要と考えるのは、〝場〟には長年継続しているものももちろんあるが、とはいえ不変の存在を意味する概念ではなく、むしろ生成する（変わりつづける）もの、その母体や容れ物ととらえられていることである。多様な主体やその関係、時には確執や対立なども含め、さまざまな出来事を内包し、刻々動いていくプロセスであるとされる[14]。また、容れ物とされながら、必ずしも物理的に区切られた空間だけを意味するわけではない。E・ヴェンガーの実践共同体（Community of Practice）[15]概念に依拠し、人やモノの関わりを通じて生み出される状況を構成しながら、その内部で学習や発達が促され、知が創造される共有空間や文脈を意味する場合もある[16]。

本書では、こうした諸学の知見の共通項として、さしあたり以下のように〝場〟を定義しておきたい。

〝場〟とは、多様な主体や出来事が内包され、あるいは生成・変化する、関係や文脈の動的な容れ物、あるいはプロセスである。

上記のように〝場〟をとらえると、「場をつくる」とは、多様な主体が出入りしながら、そこにさまざまな関係や出来事が生み出されていく空間や文脈をつくっていくことと、ひとまず定義することができるだろう。

●場をつくる実践としてのユースワーク

上記の定義に依拠して、あらためて前項のＩＤＹＷによる「ユースワークの基礎」をふりかえる。すると第一に、ユースワークが「開かれた場で行われる活動」であると示されていることに気づくだろう。この場はユースセンターであったり、出張型ユースワークでは若者の「たまり場」であったり、一定期間取り組むプロジェクトであったりする。またその後の内容では、信頼しあえる関係性をつくっていくこと、仲間関係やアイデンティティを共有しつつ、同時に階級・ジェンダー・人種などの多様性への相互理解をもった活動がおこなわれること、若者たちの利益になるパワーバランスを追求することなど、場における主体相互の関係性や交わり、多様な主体で取り組まれる活動のあり方が重視されている。これは言い換えれば、どのような、あるいはどのように「場をつくる」か、ということへの関心であると言えるだろう。

「場をつくる実践」としてのユースワークについては、先述したようにイギリスにおけるユースワークの公的制度化を画期づけた文書「イングランドとウェールズにおけるユースサービス（アルバマーレ報告）」でも示されている。同報告では、ユースワークの社会的意義と公共的役割を認め、14～21歳のすべての若者が利用可能なユースサービスの創出と、その計画作成を政府に勧告した。これ以降、すべての若者を対象とした公的でユニバーサルなユースワークが全国に広がる。

この報告で、「（ユースワークは）引き裂かれた世界を前にして、若者が、仲間意識と互いへの敬意や寛容を大切にしあい、さらに高めていけるような交わりの場（Place）の提供をまずもって追求すべきである」[17]と指摘している。これは「ユースワークの基礎」にも通じる内容である。

最近の例では、欧州圏のユースワーク関係者が数年おきに開催している「欧州ユースワーク会議」（欧州評議会主催）がある。その第二回会議（２０１５年開催）の大会宣言[18]では、以下のように述べられている。「ユースワークには（国を越えた）共通点が2点ある。その一つはこの活動が若者のための場（space）をつくる仕事であること、もう一つは、若者の人生に橋を架ける仕事だということである。（中略）ユースワークの活動は、ユースワーク実践の自律的空間（space）を創出するだけでなく、若者自身が自分の場（space）を創造し、学校、職業訓練機関、職場等の他領域では欠けている場（space）を開くことにも関わる」。

これらを通して示されているのは、ユースワークが若者たちに〝場〟を提供し、同時に若者たちと「場をつくっていく」活動であることだ。またその〝場〟は、誰でも自由に関わり、あるいは自由に離れていける（free/universal）「開かれた場」、異質な存在が出会い（diversity）相互への敬意と信頼を育てていける「交わりの場」、そこにいる誰もが安心して過ごせる、若者たち自身の〝場〟（safety/ownership）など、いくつもの価値が包含された容れ物でもある。

●なぜ「場をつくる実践」が重要なのか

私たちが「場をつくる実践」を重視する理由は、本書で提示する「ストーリー」とその後の考察を通して伝えたいが、ここでは状況的観点を一言だけ述べたい。それは、日本の若者支援政策に対する危機感にある。本章❶にあるように日本における若者支援政策はもっぱら、若者「個人」のスキル・能力・意識に関心を向けてきた。それが「自立」に必要との認識からであろう。先述のように、この志向性は日本だけではなく、新自由主義政策下にある国々に共通して起きているが、はたして、「個」に関心を向けて働きかけることで、実際に「個」は育つのか。第二次大戦後の福祉国家で公的制度として発達を遂げた、誰もに開かれたユニバーサルなユースワークは、この問いに対する一つの知見を提供していると私たちは考えている。

もちろんユースワークにおいて「個」としての若者への関心が希薄なわけではない。むしろ先述のように、アイデンティティ、信仰、セクシュアリティなど、若者一人ひとりの尊厳を重んじることが「ユースワークの基礎」である。一人ひとりの尊厳と、〝今、ここ〟で一人ひとりが抱く興味や関心を重んじながら、互いへの敬意と理解をもった信頼関係の構築を図り、その関係に依拠して活動が展開する、そのような場をつくることがめざされてきた。ユースワークの歴史が示してきたのは、「個」としての子ども・若者は、「関係や場」に媒介されて育つ、ということである。「個」を育てるためには、育ちの媒介となりうる、豊かな関係性や場が必要であり、そのためには、すべての子ども・若者の周りにその環境（関係性や場）が保障されるよう、社会的資源を投じる必要がある。「場をつくる」実践の重視は、実践を担保する社会的環境・条件の追求でもある。

（3）ストーリーを語り・描き・伝える

●対抗的アカウンタビリティの取り組み

本章❶で示したように、日本の若者支援政策が内包する矛盾には、多様な社会的・政治的背景がある。この矛盾に挑んでいくには、雇用環境、社会保障、教育・訓練制度など、社会環境全体に及ぶマクロな視点と取り組みが不可欠だ。この点を確認したうえで、本書ではある角度から矛盾に挑もうとしている。それは、若者支援実践の本来的価値や正義について、実践者自身が社会に伝える言葉をもち、その言葉を通して、社会における若者支援に対する正確な理解と評価を深めていく方策である。本書ではその方策を、「場のストーリーを〝語り〟(Storytelling)、〝描き〟(Documentation)、〝伝える〟(publishing)」取り組みとひとまず称して提起しようとしている。

実践者の多くは、若者支援政策が「プロセス」より「成果」を重視し、就業実績などの数値でとらえがちな志向性に違和感を覚えている。また、求められる報告や記録の様式が個人記録仕様で、若者同士の関わりやグループ活動を表しにくいことへの疑問をもつこともある。この仕事の本当の意義や価値は、もう少し別の形で表現、評価されるべきだと考える実践者は少なくない。

先述のように、日本に限らずイギリスなど新自由主義政策が浸透する国々では、ユースワークへの公費支出にあたっても、支出の効果を社会（納税者）にわかりやすく示す必要があるとして、目に見える「成果」を、数値で求めるアカウンタビリティ志向が共通して強まっている。

その一方で、内在的課題もある。ユースワーク含めて、カリキュラムや時間割などの制度的「枠」が弱い実践は、実践や現場のイメージが社会で共有されにくく、実際のところ何をしているのかよくわからないと思われがちだ。その結果、仕事の本質や価値について、第三者には理解されにくい。実践の価値を守り高めていくには、表しにくく伝えにくい仕事を、表し伝える方法が内在的には求められている。私たちはそれを、〝対抗的〟アカウンタビリティと考えている。実際に近年の欧州では、実践者や若者自身の言葉で、ユースワークの存在理由や本来的価値を表そうとするオルタナティブな評価論の研究・活動が活発に展開されている。[19]

●ストーリーテリング・ワークショップ

私たちが対抗的アカウンタビリティと呼ぶ取り組みのなかで、特に着目したのが、先に紹介したIDYWのストーリーテリング・ワークショップ（Story Telling Workshop, 以下ＳＴＷと略）である。政策が求める数値的「成果」とは異なる形で、ユースワークの価値を社会に示すために、ワーカーが実践現場のストーリーを語り、仲間と深めあい、自分たちの言葉で実践の価値を共有・表現していく方法として、ＳＴＷが開発された。[20]

ＳＴＷでは、ユースワーカーや研究者が集い、〝ユースワークとは何か？〟という問いのもと、まずワーカー全員がユースワークの本来的価値を表すにふさわしいと思う経験を語る。そしてそのなかから小グループごとにもっともふさわしいと考える実践を、話しあいで一つ選ぶ。その後、絞られたストーリーの語り手（Storyteller）は内容をより詳しく語り、場の全員で、「そのどこがユースワークなのか？」を紐解く（Unpicking）ために、問いを投げかけ、ストーリーを掘り下げていく。こうして徐々に、ある具体的な実践ストーリーを介して、〝何がユースワークか〟、すなわちユースワークの本来的価値に関する共通理解が浮かび上がっていく。

実践を語りあい聴きあう活動は、実践の省察を通じて、ユースワークの本質や価値を再確認し共有化していく、ワーカーにとっての学びのプロセスとなる。そして同時に、短期的な数値で示される「成果」で実践を評価する政策動向と異なる形で、自分たちの仕事の価値を世に伝える言葉を生み出す集団的プロセスにもなる。この取り組みを通じて生まれたストーリーを編集し、ＩＤＹＷは『これがユースワークだ（This is Youth Work）』という、12のユースワークストーリーを掲載した冊子を刊行している[21]。

●ストーリーを描き、伝える

ＳＴＷでは、語り、語りあうことに重点がおかれているが、私たちはそれとともに、対抗的アカウンタビリティの観点から、ワーカーがストーリーを書き（描き）、その表現を社会に発信することにも関心を向けてきた。ＳＴＷで掘り下げたストーリーの語り手が、あらためてストーリーを書き表し、読みあい、再び問われながら推敲を重ね、そして社会に向けて発信する。[22]

戦後日本の教育・(学童)保育実践の領域では、教育(保育)者が「実践記録」を書き、民間教育(保育)研究団体の集いで報告・討議し、関連雑誌や図書に掲載して公刊する文化が蓄積されてきた。これらの取り組みは、一方では教育(保育)者の共有する価値を確認しあい集団的・組織的力量や同僚性の形成に大きく寄与したと同時に、他方では教育(保育)実践の専門性に根ざした実践の価値や意義を、社会に広く伝え、その共感と理解を得るうえでの重要な媒体ともなった。[23] 若者支援の領域においては、今まさに、実践の価値を共有し、集団的力量と同僚性を形成し、社会における理解を得ることが喫緊の課題であるととらえる私たちは、ストーリーテリングのプロセスに、ストーリーを書き(描き)、伝えるプロセスも加えた取り組みを進めたいと考えた。

本書自身、上記のプロセスを経てストーリーを語り、聴きあい、描き、読みあい、推敲を重ね、今発信しようとしている。本書で表したストーリーを通じて、何が若者支援の本来的価値か?若者支援におけるユースワークの視点とは何か?「場をつくる実践」とは何か?について伝えるとともに、「場のストーリーを〝語り〟、〝描き〟、〝伝える〟」取り組みの意義と可能性を伝える実験的媒体となるべく、編集されている。

【注】

1 ユースワークの定義は一様でない。国・地域により一様でないだけでなく、時代や時期によって変化する場合もある。こここでは普遍的定義を表す方法でなく、典型的なユースワークを「描く」ことで最低限の基本的説明を試みる。

2 Ｇ・ウィリアムズらによりロンドンに世界最初のＹＭＣＡが設立されたのは１８４４年、Ｒ・ベーデン・パウエルらによりロンドンに世界最初のボーイスカウト英国本部が設置されたのは１９０８年である。

3 １８８４年にバーネット夫妻らによりロンドンにトインビーホールが設置されたのが世界最初のセツルメント活動とされる。

4 Board of Education 1939.

5 Ministry of Education（1960）, The Youth Service in England and Wales (The Albemarle Report).

6 Jeffs, T. and Smith, M. K.（2002）. 'Individualization and youth work', *Youth and Policy* 76: 39-65. Batsleer, J.（2013）. Youth work, social education, democratic practice and the challenge of difference: A contribution to debate. *Oxford Review of Education*, 39（3）, 287-306. Tania de St Croix（2018）. Youth work, performativity and the new youth impact agenda: getting paid for numbers?, *Journal of Education Policy*, 33（3）, 414-438.

7 本稿では、「ユースワークの基礎」の説明にあたり、読者の理解しやすさを考え、原典の項目順序を入れ替えている部分がある（https://story-tellinginyouthwork.com/the-idyw-cornerstones-of-youth-work/ ２０２２年11月30日アクセス）。

8 Bernard Davies,（2021）.Youth Work: A Manifesto Revisited- at the time of Covid and beyond, Youth & Policy website (https://www.youthandpolicy.org/articles/youth-work-manifesto-revisited-2021/ ２０２２年11月30日アクセス)。

9 Smith, M. K.（2013）. 'What is youth work? Exploring the history, theory and practice of youth work', The encyclopedia of pedagogy and informal education（www.infed.org/mobi/what-is-youth-work-exploring-the-history-theory-and-practice-of-work-with-young-people/ ２０２２年11月30日アクセス）。

10 注８と同じ。

11 注９と同じ。

12 同上。

13 同上。

14 成瀬厚（２０１４）「場所に関する哲学論議――コーラとトポス概念を中心に」『人文地理』66（３）、２３１－２５０頁。

15 Wenger, E.（1999）. *Communities of practice: Learning, meaning, and identity*. Cambridge: Cambridge university press.（櫻井祐子ほか訳『コミュニティ・オブ・プラクティス――ナレッジ社会の新たな知識形態の実践』翔泳社、２００２）。

16 Nonaka, I., & Konno, N.（1998）. The concept of “Ba”: Building a foundation for knowledge creation. *California management review*, 40 (3), 40-54.

17 注5、p.37.

18 Council of Europe (2015). Declaration of The 2nd European Youth Work Convention, Making a world Difference, p.5.

19 Professional Open Youth Work in Europe, International Journal of Open Youth Work, Transformative Youth Work International Conference 等。

20 下記がＩＤＹＷの Storytelling Workshop ページ（https://indefenceofyouthwork.com/tag/story-telling/ ２０２２年11月30日アクセス）。

21 In Defence of Youth Work（2011）. *This is Youth Work*, Unison（https://indefenceofyouthwork.com/the-stories-project/ ２０２２年11月30日アクセス）.
ストーリーのいくつかは、本研究会が以下で翻訳している。平塚眞樹編・若者支援とユースワーク研究会著（２０１９）『若者支援の場をつくる』１、Kindle 版。

22 専門職の形成における書くことの意味について、欧州で広く読まれているものに以下がある。Bolton, G.（2018）. *Reflective practice: Writing and professional development. 5th Edition*. London: Sage publications.

23 近年、保育の領域でもドキュメンテーションに関心が寄せられている。秋田喜代美著・松本理寿輝監修（２０２１）『保育の質を高めるドキュメンテーション——園の物語りの探究』中央法規出版、など。

2

欧州のユースワークとその背景

ユースワークの場：グラフィック・アート（ロンドン市内）

この章では、私たちの若者支援「観」のベースとなっている欧州のユースワークについて、いくつかの方法で紹介する。❶では、私たちが長年交流を続けてきたイギリス・ロンドンのユースワーカーたちが携わってきたユースワークのストーリーを、ワーカーの視点、若者の視点の両方から描く。❷では、フィンランド・ヘルシンキ市が実施するユースワークの中核を担うワーカー（プランナー）に日本のワーカーがインタビューする。❸では、欧州におけるユースワークの学問的基盤となっているSocial Pedagogyについて紹介する。

1

イギリスのユースワークを描く

ストーリー❶

不安定を生きるチェルシーと共に

●――ダーレン／〔翻訳・編集〕中塚 史行

本項は、ユースセンターマネージャーのダーレンが２０１９年に来日した際に開催したセミナーで話したストーリーをもとにしている。ダーレンが関わってきたチェルシーは、ストーリー2の語り手と同一人物である。

イーストオークランドユースセンターは、西ロンドンに位置する青少年活動の拠点だ。おしゃれなショッピングモールもあるが、一方で下町らしい雰囲気も残り、さまざまな民族的ルーツをもつ住民が暮らしている。ユースセンターは13歳から19歳まで（場合によっては25歳まで）の若者たちが自由に無料で利用できる。音楽スタジオでは、流行りのラップやラジオ番組を録音・編集する若者たちでにぎわっており、プロのアーティストを招いたアートプログラムも人気だ。

足の踏み場もないゴチャゴチャとしたセンターは、毎日多くの若者たちでいっぱいで、ユースワーカーたちはそんなエネルギッシュな若者たちのなかに自然に溶け込み、一緒に笑い、語りあっている。地域とのつながりも強く、さまざまな民族グループとの交流や、困難を抱える若者たちへのサポートも積極的におこなっている。ダーレンは10年ほど前にユースワーカーとして配属され、現在はセンターの責任者である。

●チェルシーとの出会い

イーストオークランドユースセンターへの配属が決まり、私が現場での仕事を始める直前、よくセンターに出入りしていた19歳の若者が、ナイフで刺され、死亡する事件があった。それはセンターだけでなく、若者たちや地域にとても大きな影響を与えた。私たちはこの事件を追悼するメモリアルガーデンをセンターの庭につくり、そこは若者たちと「いのち」というテーマについて落ち着いて考える場となった。

亡くなった若者には、当時11歳の妹チェルシーがいることを私たちは聞いていた。彼女はそれまでセンターに来たことはなかったが、私たちはチェルシーと家族（家族もさまざまな問題を抱えていた）をなんとかサポートできないかと考えていた。

悲しみに沈んでいる家族に関わることはとても難しいが、私たちは亡くなった若者のメモリアルガーデンをつくる過程で、母親ともう一人の兄とつながった。その二人と話し、自宅を訪ねる約束をして、チェルシーに会いにいくことを決めた。

私自身は着任したてで、この地域にはなじみがなく、ベテランのユースワーカーもいるなかで、「私が関わるべきなのか？」という思いもあった。でも、お互いよく知らないことが、チェルシーと新しい関係を築くきっかけになるのではないかとも思っていた。

私は、チェルシーとはすでに地域のイベントで何度か顔を合わせており、彼女の友だちグループも知っていた。自宅を訪ねた際、私はチェルシーに、何に興味があるかとたずね、センターで何か一緒にやらないかと誘った。亡くなった兄のことには触れず、チェルシーの友だちと女子会（ガールズ・ナイト）をしようと提案した。

チェルシーは女子会に定期的に来るようになり、そのうち日中にもセンターに顔を出すレギュラーメンバーになった。センターは、新しく音楽室ができたり、卓球台が寄付されたりと、設備も充実してきたが、それらにチェルシーはあまり興味を示さず、友だちやスタッフとおしゃべりすることが多かった。メインルームとは違う小さな部屋で、彼女はネイルをし、友だちやスタッフといつも長い時間おしゃべりをしていた。

●アルコール依存の母親とのトラブル、不安定な日常

その時期、チェルシーは、アルコール依存の母親とのトラブルもあって、非常に不安定な生活を送っていた。自宅に自分の部屋をもたないチェルシーは、いつもイライラし、家中ピリピリとした雰囲気だった。

チェルシーが母親との関係でパンクしそうだと聞き、私たちはセンターが開いていない日も、スタッフと話をする名目で、センターで過ごす時間を提供した。何か特別に話すことがなくても、チェルシーが安心できる場をもつことは、母親との距離をとり、トラブルを避けるために必要なことだった。チェルシーはほかにも、異性関係を含めたややこしい人間関係や、いじめが原因での不登校など、いろいろな問題を抱えていた。

こうした生活のなかで、センターは彼女にとって、唯一の安心できる場になった。センターに来て、母親に対する怒りや不満、いろいろな感情を吐き出すことができた。

怒りを爆発させる彼女との関わりはとても大変で、そのことが友だちとの間でも問題になっていた。それでも、彼女は毎日センターに来て、気持ちをリセットし、また翌日やってくる日々を続けた。私たちはチェルシーが繰り返すさまざまなトラブルを非難せず、信頼関係をつくっていった。

母親との関係悪化を懸念し、私たちはチェルシーにカウンセリングとソーシャルワーク（公的支援）を受けるように勧めた。カウンセリングは一度実施されたが、チェルシーは心を開かず、残念な

がら継続しなかった。公的機関のソーシャルワーカーたちは、彼女を「困難事例」として関わるだけで、一人の若者としてチェルシーに寄り添うことはなかった。チェルシーは、学校や家庭でさまざまな問題を抱えていたが、同時にティーンエイジャーとして、いろいろなことへの興味関心や、それらを楽しみたい気持ちがあると私たちは理解していた。そのため、彼女の抱える問題だけでなく、ティーンエイジャーとしてのいろいろな楽しみも大切にしてきた。

●さまざまな「問題」を起こすチェルシーと共に

大人になるにつれ、ほかの若者もそうであるように、チェルシーは徐々にセンターから遠ざかっていった。それでも、年一回程度、定期的に連絡があった。電話で「今日センターは開いている?」と聞き、私が「開いていない」と応えると、逆に喜んでセンターにやってきて、誰もいないセンターで私と話をしたがった。

チェルシーとの関係は、いつも彼女主導で、彼女のしたいように進んでいったが、だからと言ってスタッフが彼女の言いなりだったわけではない。

数学の試験があった日に、私が彼女の家まで行ってたたき起こし、なんとか開始時間に間に合わせたこともあった。チェルシーがしなければならないことは、スタッフとして要求もしてきた。

それでも、いろいろなことが起きた。あるとき「自分がどこにいるかわからなくて、家に帰れない」と夜中に電話がかかってきた。私は彼女に、「今そこから何が見える?」と聞きながら、Google マップで居場所を見つけ出し、電話でバス停まで誘導して、無事に帰宅させた。

またあるときチェルシーは「ダーレン、助けて!」と言いながら、小さな箱を持ってセンターに駆け込んできた。カシャカシャと音がするその箱のなかには、なんとハムスターが入っていた。チェルシーは生き物を飼うことは好きだが、このときはハムスターの飼い方がわからず混乱して「もういらない! 犬のエサにする!」と言い出したので、私たちがハムスターを預かり、別の飼い主を探すことになった。

別のときには、頻繁に髪を染めかえるヘアカラー依存症になり、インターネットを使って対処法を一緒に調べ、考えたこともあった。この依存症は、不安定な家庭環境と関係していると考えられたが、やがて少しずつ髪の毛を染める頻度は減っていった。

私たちはチェルシーが学校を休みつづけているため、落第（留年）する危険があることを心配していた。そこで学校とも協議を重ね、学校外で彼女を支援する方法を探した。チェルシーに合った学習計画を立て、その結果、数学、英語、理科の修了試験に合格することができた。

勉強で少し自信のついたチェルシーは、その後、保健・社会的ケアの資格取得に取り組み、何か所かの高齢者介護施設で働いた。しかし、低賃金と労働環境の悪さがあいまって、彼女に合った仕事を見つけるのは困難だった。今はボーイフレンドとほとんどの時間を過ごしているが、私たちとのつながりも継続している。

家族との関係は以前よりも落ち着いたが、母親の側の課題は残されている。

●5年前に殺された兄のために何かしたい

チェルシーと関わって5年ほどたった頃、彼女が、「亡くなった兄について、何かしたい」と言ってきた。私とチェルシーの関係は、兄の死をきっかけに始まったが、その後はチェルシー自身が抱える問題やニーズに応えるばかりだった。5年がたち、亡くなった兄について初めて詳しく話を聞くことになった。

チェルシーの兄は、たった20ポンド（約3000円）のために殺された。そのことについて、文章で記述しようということになった。亡くなったときのこと、その後自分たちがどう感じて、兄の死が家族にどんな影響を及ぼしていったのかを、詳しく書きつづる作業を続けた。

書く作業はとても苦しく、つらかったが、チェルシーは自分が書いたものを読み返し、何年もかけて書き直し、書き加える作業を続けた。それは自分自身をコントロールする力をつけることとなり、兄の死が自分や周囲に及ぼした影響を考える、大事なきっかけになった。

彼女の中等学校修了試験の直後、私たちは、兄が殺された夜のこと、それがどれだけ彼女と家族に影響を与えたのか、語りあい、長い叙情詩を書いた。

その詩はいまだに更新しつづけていて、暴力事件に巻き込まれた若者たちにも伝えられている。そして、若者たちがどう生きるかを考える、とても力強い支えとなっている。

何年にもわたって、私たちはチェルシーとさまざまな困難に向きあってきた。これまで紹介した出来事のどれもが、彼女のストーリーそのものだった。

今回、彼女の出来事を紹介することに了承してもらうため、チェルシーと私たちが取り組んださまざまな事柄について、彼女にたずねた。しかし、チェルシーが記憶していたことは、直面した数々の問題ではなく、地域のイベントで私と会った初対面の印象だったりした。

チェルシーは、私たちとの関わりを、アドバイスとか支援といったものではないと感じていた。それは、髪を何色に染めようが、どんな深刻な問題に直面していようが、なんでも話せる、信頼できて、安心できる大人の存在が彼女にとってもっとも大切だったからだろう。

もちろん、彼女の抱える問題すべてに、十分なサポートができていたわけではない。また、私たちの関わりに、どれだけの成果があったのかを計測することは難しい。けれど、チェルシーの人生で、数年間とはいえ、彼女を批判せず、どんなことでも共有できる人の存在が、とても大きな影響を与えたとは言えるだろう。チェルシーとの関わりは、まだ継続していて、将来どう変化していくのかまったくわからない。だがこのストーリーには、ユースワークのもっとも大切なものが含まれていると感じている。

ストーリー❷

センターはまるで私の一部

●——チェルシー／〔聴き取り〕北川香・〔編集〕乾彰夫

この話は、ストーリー1でユースワーカーによって描かれたチェルシーが、彼女自身で語ったイーストオークランドユースセンターと彼女のストーリーである。

●お兄さんが死んだときユースワーカーに誘われて

私たちがインタビューしたとき、チェルシーはちょうど20歳だった。最近こそあまり来ていないが、以前は週に5日はイーストオークランドセンターに来ていた。チェルシーがセンターに最初に来たのは9年前、お兄さんが暴力事件で亡くなってすぐの頃だった。お兄さんのことをよく知っていたユースワーカーのダーレンが、気にかけて誘ってくれたという。

その頃チェルシーは、自分の殻に閉じこもり、何週間も家に帰らないでいた。母親さえ彼女の居場所を知らなかった。友だちたちはみな、「彼女はもう帰ってこないよ」と言っていた。それでもダーレンは、彼女の家を訪ね、居場所を探し当て、粘り強く話しかけてきた。「ユースセンターにおいでよ、そして生き直そうよ」と。

「来てみたらみんなとっても率直だったの。私のことを変な目で見たり、避けたりすることもなくって。スタッフも子どもたちも、とってもフレンドリーだった。ぜったい誰も無視したりしないの」

センターでは親しい友だちもできた。彼女も含めて女の子6人組だ。その子たちとは同じ学校に通っていたが、学校では一度も口をきいたことがなかった。学校にはたくさんの生徒がいて、しかもそれぞれにグループができていた。でもセンターにはそれほど多くの子がいなかったから、友だちになるのは学校よりも容易だった。その頃センターは男の子が多くて女子が少数派だったから、よけい友だちになりやすかったのかもしれない。

●センターでの日常

センターに毎日来ていた頃は、こんな感じだった。センターに行く前にほかの5人の女の子と待ち合わせて、みんなで一緒にセンターに行く。センターに着くと、まずガールズ・ルームで1時間ほどおしゃべりをする。それからメイン・ルームに移り、ビリヤードをする。たいていワーカーの誰かが、絵とか裁縫とか、何かのプログラムをやっているので、それに加わったりする。センターの開いている時間は、ある曜日は午後3時から6時半までとか、別の曜日は6時半から8時半までとか、曜日によって違っていた。

アートやクッキングのプログラムもあった。

「ダーレンが子どもたちに材料のお金を渡し、みんなはレシートをもらってくる。だって誰もお金をちょろまかしたりなんてしないから。そうやって私たちは、新しい料理を習ったりするの」

チェルシーは裁縫、それもファッショナブルなものを縫うのがとても好きだった。彼女はそこで裁縫のスキルを身につけ、その後、自分のミシンも手に入れた。今はなんでも縫えるし、特にベビー服をつくるのが好きだという。カヤックやロッククライミング、釣りなどの大きなイベントもあった。ダーレンのお父さんが昔働いていたという、マンチェスターのユースセンターをみんなで訪問して、そこの若者たちと交流したことも忘れられない思い出だ。

●センターのワーカーたち

ダーレンはチェルシーにもっとも影響力のあるワーカーだった。お兄さんのことをよく知っていて、チェルシーが、センターを利用できる12歳に満たない11歳だったにもかかわらず、イーストオークランドセンターに来るよう熱心に誘ってくれた。

ほかにもチェルシーには忘れられないワーカーがいた。グレンはダーレンよりも年上で、もっと男っぽかった。ダーレンは彼女の前に座って、まるでカウンセラーのように話しかける。それに対してグレンは、「なんてことやってるんだ、とっとと家に帰れ」なんて冗談を言いながら彼女に近寄ってくる。二人のアプローチの仕方は全然違ったけれど、彼女は「両方でうまくバランスがとれている」ことが重要だったと言う。

●センターでの女の子たち

チェルシーは、女の子だけが参加できる、ガールズ・ナイトというプログラムのことを話してくれた。これは週に1回、夜8時半から開かれていた。以前はセンターに来る女の子が少なく、そのせいで居心地悪く感じる子たちもいた。そのためガールズ・ナイトは男の子がいない場で女の子たちだけで過ごせるようにと始められた。撮影所のメイキャップ・アーティストをしていたというワーカーによるメイキャップやネイルなどのプログラムもおこなわれていた。

どのグループにも属していない新しい女の子がセンターにやってきたことが何度かあった。そういう子ははじめはたいてい部屋の隅にぽつんと座っていた。そうすると必ず20分以内に誰か、それも大人じゃなくて子どもたちの誰かが近寄って、一緒にやろうよと声をかけて、何かの活動に巻き込んでいた。ダーレンはいつもそこにいる誰かに、「新しい子が来たよ、誰か声をかけてあげなよ」と言っていた。いつでも必ず、その子に「よく来たね」と声をかける誰かがいた。チェルシーはいつも進んでそうしていた。「その子にとってまだ見知らぬ場だったら、そこにいる誰かが近づいていって居心地よくしてあげるってすてきでしょ」と。

●ぶらんこボートをつくる

もう一つ、チェルシーにとって思い出深い出来事は、センターの近くで、ボート型のぶらんこをみんなでつくったことだ。職人さんの手を借りながら、若者たちとワーカーでつくった。このぶらんこは木製で、木製の４本の柱から吊り下げるのだが、吊り上げるには人手が必要だった。そのときたまたま知らない子たちが通りかかると、チェルシーは彼らのところに行って、手を貸してよと声をかけた。彼らは喜んで手を貸してくれ、そのうちの何人かはその後、彼女に誘われてセンターにも来るようになった。

それまで外で知らない人に声をかけるなんてやったことがなかったチェルシーにとって画期的な体験だった。

「それって、とっても自信になったわ。ここ（センター）に来るようになって、とても自信がついたと思う。だって以前だったら、見知らぬ子に私が『手伝ってよ』って声をかけるなんて考えられなかったもの、ぜったいに。でもダーレンって、とっても自分に自信をもっているの。ここのスタッフはみんなそう。どうやったら自信がもてるか、そしてどうやったら自分のいちばんいいところを出せるかを教えてくれるの」

●センターが私を変えてくれた

チェルシーは、「センターが自分をいい方向に変えてくれた、今までの人生のなかですごく大きな部分だ」と言う。

「兄が死んだとき、私は誰からも遠ざかり、誰とも話さないでいた。でもダーレンは、誰も私を傷つけないし、誰も恐れる必要はないということを思い出させてくれた。世の中には本当にすてきな人たちがたくさんいるのよね。たとえどんな格好をしていようと、どんなふるまいをしていようと、中味はそんなじゃないのよね」

もしセンターに来ることがなかったら、自分にどんなことが起こっていたかわからないし、もしかしたらお兄さんと同じような運命になっていたかもしれない、と彼女は言う。センターに来ることで、自分はずっと人づきあいのいい、落ち着いた性格になった。

「おそらくここに来はじめて三か月か四か月で、ここってまるで私の一部みたいって感じてたと思う。本当に毎日来ていた。ダーレンはいつも私に、正しい道をたどるには親しみやすくて他の人にすてきと感じさせるようになることだ、と繰り返し話しかけ、私に考えさせてくれたの」

彼女の変化は、単にワーカーに言われて起きたわけではない。チェルシーの次の言葉は、センターが彼女をどう変えていったのかを象徴している。

「(ワーカーが) 私にそうしろって言ったからだけじゃないの。私も自分でほかの子たちに親しく接しなきゃ、て思ったの。だってワーカーがそうしてくれるとうれしかったから、それってほかの子たちにも同じだと思って。だから自分でもそうするように努力したわ。だってほかの子たちに居心地悪く感じてほしくないって思ったから、私もそうしたの。だんだん本当にそう思うようになって、ほかの子たちを助けられるように私自身もなっていったの」

ストーリー❸

顧みられないワーカーの仕事が僕らを変える

● ――キーラット／［聴き取り］北川 香・［編集］乾 彰夫

この話は、ストーリー1、2と同様、ロンドンのイーストオークランドユースセンターでダーレンたちと過ごした若者キーラットのストーリーである。

●たまたま通りかかって

キーラットは、アジア系の若者で、私たちがインタビューしたときは21歳だった。会計の仕事に就いて数年になる。だんだん昇進もしてきた。最初の仕事を得たときの履歴書には、イーストオークランドセンターでの経験や、そこで身につけたスキルを書き込んだ。仕事の合間をぬって、友人たちと会社も立ち上げている。

初めてセンターを訪れたのは10年前、11歳の頃だった。少し前に家族がこのあたりに越してきて、たまたまセンターの前を通りかかったら、子どもたちがたくさん集まっていた。家の近所にはいい遊び場所がなく、放課後することがほとんどなかったキーラットは、おもしろそうなところだと思った。

「ここに来れば、ビリヤードをやったり、卓球をやったり、いろんな子たちとおしゃべりできて、ほかで悪いことをやらずにすんだ」

スタジオでは音楽づくりを習えたし、家にパソコンがなかったから、センターでパソコンが使えるのも好都合だった。パソコンでいろんなことを調べ、新しい知識を手に入れた。そのおかげで履歴書にもいろんなことを書き加えることができた。

キーラットにとって忘れられない思い出は、自転車づくりのワークショップだ。みんなでそれぞれ自分の自転車を組み立て、完成したあとはその自転車を自分のものにすることができた。

「夏の間中、僕らはその自転車を自由に使えて、そこら中を走り回り、夏の太陽を満喫できたんだ」

●もしかしたら僕は檻のなかにいたかもしれない

キーラットには、一つ間違えばとんでもない人生になっていたかもしれないことが、これまでたくさんあった。家の近くの通りでは、しょっちゅう喧嘩やもめごとがあった。12〜13歳の頃が彼の人生にとっていちばんの危機だった。家庭は貧しかったのに、彼は高級携帯を手に入れ、ポケットには2000ポンド（約30万円）もの大金を入れて歩いていた。自分でも悪いこととわかってはいたが、どうしようもないと思っていた。でもそれがダーレンに見つかってしまった。

「彼はすぐにそれを見つけて、僕に言いつづけたんだ。『キーラット、君が悪い子じゃないってことを僕はわかっている。君は悪いことをやろうなんて考えてない。でも1日の終わりに考えてごらんよ、長い目で見て、これって君の助けになることなの？　これで君が本当に必要なところに行き着けるの？』って」

キーラットはダーレンの言うことを聞き入れた。その頃、ダーレンはとても身近な存在になっていて、さらに、周囲からは悪い連中と見られていた親友何人かも、ダーレンと同じことを言っていた。

「だから僕はやめられたんだ。ほかの誰かが同じことを言ってきたら、『とっとと失せろ！』って言いはなってたと思う。僕には頼れる人たちが数人いて、その人たちがみんな同じように言うんだから、それはわかった。ダーレンが身近にいたから進む方向が得られたんだ。

社会から悪い奴らと思われている連中が、こう言ってくれたんだ。『正しい方法で家族を助けるために、自分の人生にとって良いと思えることをすべきだ』って。そういう奴らに僕は囲まれていた。いい連中の、いいエネルギーに囲まれていて、この人たちは僕が正しいところに行き着けるようにしてくれると思えた。『僕らは正しいやり方をとるべきだ』って、みんな同じことを言うんだから」

●知は力

キーラットは、「僕は学ぶことが好きで、いろんなことをたずねるんだ」という。センターのパソコンを使っていろんなことを調べ、学んできた。最初に知りたかったのは自分や自分たちの民族の歴史、自分や自分たちの民族がどこから来たのか、自分たちの民族に何が起こったのか。「歴史を学びはじめて、自分が世界のどこにいるのかがわかった」。

そして、貧しい人々がいさかいあってしまうのは、彼らが分断されているからだということを学んだ。そこには今の世代ばかりではなく、長い歴史がある。ほんの一握りの超金持ちたちに支配されている不平等な社会からなる「世界システム」が、分裂を生み出しつづけている。

「お金がすべてで、お金がなければどうしようもない。そういうことが、人々の間に亀裂を生み出し、争いを巻き起こしているんだ。だから僕らはそういう壁を崩さなきゃいけない。壁を乗り越えて、『みんなよく聞いて。僕らがどこから来ようと、僕らは同じ民衆なんだ。僕らにはやるべき確かなことがある』って呼びかけなきゃいけない。確かなことっていうのは、自分たちの家族、そして自分たちのコミュニティの面倒を見ることだ」

だからキーラットは、いろんな異なる人々や民族のことについて学ばなきゃいけないと思っている。そして、０・１％の超金持ち以外の人々とは、必ず友だちになれると確信している。だってみんな何かを失わされた経験をしているのだから。「一緒に座って、僕らの問題について話しあうことができれば、民衆としてやれることはうんとたくさんある」。そして、人々を支配したり操作するのではなく、自分の家族の面倒を見るためにこそ、自分に力がほしいと言う。

こういう考え方は、センターのなかでほかの子たちにわかってもらうのは難しいが、何人かのワーカーは個人的にわかってくれているという。

●僕らを支えるためにものすごい時間を費やしてくれた

キーラットは、ダーレンとはじめからうまくいっていたわけではない。

「僕がまだ小さい頃、彼はまるで兄さんみたいにまとわりついてきていたんだ。そんな関係だった。その頃、ちょっとばかなことをやって、それでダーレンが僕のことを捕まえて壁の前に立たせたんだ。そのとき、僕はダーレンのタマに蹴りを入れちゃった。彼は3時間も痛いって叫びつづけていた。それで僕は『ごめんなさい』って100回も繰り返した。そんな関係だったんだ」

ダーレンは、自分が悪くなってほしくない、良くなってほしいとずっと思ってくれていると、キーラットは感じている。そして自分を支えるために、本当にものすごい時間を費やしてくれたことを感謝している。ユースワーカーは若者たちが良くなるために長い時間を費やしてくれている。それなのに、そのことは社会ではほとんど気づかれていない、と彼は言う。

「だってそれはダーレンの時間だよ。自分のために楽しむことだってできるし、パートナーと旅行に行くことだってできる。何やったっていいんだ。それなのに彼はその時間を犠牲にして、僕だけじゃない、若者たちみんなを良くしようってしてくれているんだ。でも一日だってそのことは気づかれていない。それって最悪だよね。そういうことが顧みられず、どれだけ僕らが変わったかも記録に残らない。一人ひとりのなかでこれからの人生の支えになる、どんな変化を引き起こしたかも評価されない。でも僕らの人生を本当にまるごと変えているんだよ」

ストーリー❹

若者たちの居る街角で関わりをつくる

●――タニア・ドゥ・セントクロア／［編集］平塚眞樹

この話は、タニアが2019年に来日した際に開催したセミナーで話した内容をもとにしている。

タニアはイングランド南東部の出身。10代後半から現在まで約25年にわたり、はじめはボランティアとして、その後はおもにパートタイムワーカーとして、ユースワークに関わってきた。キャリアの途中から大学院に進学。パートタイムユースワーカーの視点で書いた論文で博士学位を取得し、今は大学（キングス・カレッジ・ロンドン）で教えている。ロンドン、マンチェスターなどの都市部を中心として、ユースワーカーがチームを組み、街やストリートに出かけて若者グループと関わりをつくる「出張型ユースワーク（Detached youth work）」に取り組んできた。ユースワークを取り巻く状況への強い問題意識をもち、IDYW（In Defence of Youth Work　本書1章❷参照）の活動にも参加してきた。

●出張型ユースワーカーとして

私は長年、出張型ユースワーカーをしていたが、その頃、新たに東ロンドンのチャリティ団体に勤めはじめていた。

出張型ユースワークというのは、ユースセンターに来た若者に関わるのではなく、ユースワーカー自身が公園やショッピングセンターやストリートといった、若者がふだん過ごしている場に出かけ、そこで若者たちに会い、関わる仕事だ。関わると言っても、ただ話をしたり聞いたりするだけのこともある。時には、屋内で道具や器具を用いたプロジェクトをすることもある。

その活動の一つとして、このプロジェクトが始まった。

出張型ユースワークでは、地域を理解することがとても大事だ。私たちはいつも同僚とペアで活動するが、そのときも街を知るために出かけ、いろいろな仕事の人たちとコンタクトをもち、街のあちこちを見て回っていた。すると、ある公営住宅の一地域に、周囲から〝問題〟とされる状況があることがわかってきた。若者たちがしょっちゅう問題を起こす、やかましい、迷惑行為をするといったことだった。そこで訪ねてみることにした。

ユースワーカーが地域を訪ねるとき、専門職として、いろいろな人たちから事前に聞いた情報を意識することは大事だが、それと同時に若者たちを〝問題ある若者たち〟という色眼鏡で見るべきではない。だから私はいつも、聞いた話はあえて少し忘れながら地域に入るようにしていた。

● 若者グループとの出会い

その日、私はドラマ・ユースワーカー*のザラとペアを組んで、〝問題〟があるという地域を訪ねた。

＊　ドラマづくりの専門性をもったユースワーカー。ほかにも音楽、アート、映画、スポーツ、クラフト、クッキングなど、ユースワーカーの専門性と同時に各活動の専門性（資格やキャリア）をもって若者に関わるユースワーカーがいる。

そして14〜17歳ぐらいの8人の男子グループに出会った。彼らは、トルコ系、カリブ系、アフリカ系の若者たちだった。私たちが彼らを見ていると、向こうもこちらを見てクスクス笑ったり、やがて向こうからアイコンタクトをとりはじめた。

出張型ユースワークでは、街で出会う若者にやみくもに声をかけるわけではない。声をかける、かけないはそのつどの判断だ。このときは、若者たちが自分たちに興味を示したように感じたので、チャンスを逃さず声をかけることにした。

「こんにちは。私たちはユースワーカーとドラマ・ワーカーです。この地域に興味があって来たのだけど、どんなところか教えてくれないかな？」

こちらの声かけにも多少の応答があったが、どうやら彼らの興味は別のところにあるようだった。彼らの興味、関心は同僚のザラだった。彼女は魅力的でかわいい女性で、私はプロのワーカーとして、そしてザラの先輩として、彼女を守ること、そして仕事の境界を守ることを意識しながら、同時に、若者たちとも親しみをもって冗談交じりの会話を続けた。

若者たちはザラにいろいろな質問をしはじめた。そして彼女が演劇俳優の勉強をしていたことを話したとき、自分たちもアクションスターになりたい、映画を撮ろうと言い出した。

映画を撮りたいという彼らの関心を、できるだけ大事にしたかった。ただ、当初若者たちは、本格的な長編映画を撮りたいと言っていたので、いきなり長編は難しい、予算もないのでまず短編映画から始めないかと持ちかけ、いや長編、いや短編と、しばらくやりとりした末に、短編映画でもいいから始めようということに落ち着いた。彼らは「クール」にふるまっていたが、エキサイトしていることは察しがついた。

●映画づくりが始まる

彼らの関心が薄れないうちに動こうと、幸いなことに少し予算があったので、近所に一室を借り、もう一人のドラマ・ユースワーカーと映像作家を新たに雇って、映画づくりのプロジェクトが始まった。

プロジェクトには、このグループ以外の若者たちにも関わってほしかったので、いろんな人に集まってもらえる方法を彼らに相談した。ならばリーフレットをつくり、周辺の住宅に各戸配布して、人集めをしようということになり、彼らは実際に作成や配布を手伝ってくれた。頼られたことで、自分たちがこのプロジェクトをやっている意識や責任感をもってくれたようだった。実際に人が集まるか心配だったが、プロジェクト初日には当初の8名含めて15人ほどの若者が近隣から集まった。

私たちは集まった参加者とアイデアを出しあい、映像になりそうな場面を演じてみたりした。できるだけ彼らの生活に関わりのある映画内容にしたかったので、若者たちがどんなことに関心をもっているかも話しあった。

参加したメンバーはさまざまなアイデアと大きなエネルギーをもっていて、徐々に筋立てができていった。話の主軸は、予期せぬ妊娠をした若い女性の葛藤となった。妊娠した女性が、子どもを育てるために、犯罪が多くギャングがいる地域から離れたいと思うが、ボーイフレンドは、家族や友だちがいるこの地元で地域をよくしていきたいと思っているという話だ。

若者たちには、大人や社会制度に対する強い不信感があり、それが映画にも反映された。警察との関係でも、自分たちが何もしていないのに、黒人であるだけで警察に呼び止められ身体検査をされることもあり、そういう経験もストーリーに組み込んだ。

●難しい生活を抱えながら

しかしながら、ユースワークの活動がスムーズにいくことはない。このときも、今週は全員来た、今週は誰も来ない、今週はあのグループが来ない、今度はこのグループが来ないといった締まりのない日々が続いた。プロジェクトは、あくまでも若者が自分の意思と選択で参加する場だ。ほかにやることが生じると来なかったり、時には、映画づくりに不安や不信感を抱いて来なくなったり、毎回全員が来てくれるわけではない。

特に当初の若者グループの生活は「カオス」だった。ある者は学校で問題を起こし、ある者は学校をやめて、失業状態となったり仕事が不安定だったり。そして多くが大麻をやっていて、記憶が飛んでプロジェクトの日を忘れてしまうこともあった。

当時の私たちはまだ彼らの多くを知らなかったが、難しい家庭環境にある者も少なくないことが徐々にわかってきた。ある者は病気や障がいをもつ家族を抱えて家庭生活の重い責任を負っており、他の者は家庭で暴力やネグレクトの被害に遭っていた。

ずっと後になって、彼らの何人かがその頃、暴力的ギャングや麻薬密売に関わっていたこともわかったが、当時、彼らはそのことを私たちに話そうとはしなかった。長いつきあいでもない私たちを、当時の彼らがそこまで信頼できなかったとしても無理はない。

若者のうち何人かは、当時、家の近所の住民とのもめごとも起こしているようだった。この映画プロジェクトは地域の公営住宅供給団体から資金を得ており、私たちはその団体から、彼らの住む公営住宅に若者絡みの問題が起きていて、その報告は上部にも上げていると連絡を受けた。そして問題を起こした若者たちに警告をしたいので、この住宅に住むプロジェクト参加者の名前を教えてほしいと要請を受けた。私たちは、申し訳ないがそれはできないと答えた。そんなことをしたら、彼らと私たちの信頼関係は壊れてしまうからだ。

●映画の完成と上映、そしてユースクラブの開設

それでも彼らは、たいていはプロジェクトにやってきて、いい時間を過ごし、熱心に関わり、素晴らしいアイデアを出していった。参加者同士、互いを尊重しあい、一緒に活動を続け、時間をかけて

短編映画ができあがった。若者たちが脚本を書き、演出を助け、そしてホールでの上映会を企画した。地域のコミュニティホールで開催された上映会には、自治体関係者や、地域のさまざまな関係者、若者の家族や友人など、多くの人を招待した。当日は50人ぐらいが集まり、会場には立ち見が出るほどだった。

その後、映画プロジェクトに参加した若者たちは、地域のコミュニティホールにユースクラブがほしいと私たちに言ってきた。出張型ユースワーカーがユースクラブ（建物の一角に設けられたユースワークの拠点）をつくることはあまりないのだが、このときは、それが若者たちの要望だったので取り組み、時間をかけて実現した。椅子と最低限の工芸用品とキッチンしかないスペースだったが、このクラブは長年続き、いつも大勢が集まる場所になった。若者たちがやってきては調理をして食べ、友だちやユースワーカーと会い、折々にいろいろなプロジェクトを企画し参加した。

時に地域住民はそうしたプロジェクトを通して若者たちのことを見直すこともあった。とはいえ、いつも評判がよいわけではなく、ユースクラブが地域住民の悩みの種になることもあった。うるさいとか、若者たちが屋根に上っている！といったことで。

● その後の物語——若者たちの人生とユースワーク

最初に出会った若者たちのその後は、いろいろだ。

ある若者は、映画づくりがすごくおもしろかったからと、その後もボランティアでユースワークに携わった。またある若者は、その後スポーツコーチの資格をとり、近隣の学校でスポーツコーチに就き、厳しい地域で育つ若者にとって良きモデルとなっている。他方で別の若者は、ギャングによる襲撃に関与した罪で映画プロジェクト直後に逮捕され、刑務所に収監された。

コーチになった若者が、このプロジェクトに関わらなかったとしても今の成功があるかとか、収監された若者が、もっと早く我々と出会えていたらトラブルから離れられたかといったことは、私たちにはわからない。

時が経ち、映画プロジェクトに参加した若者たちは成長し、ユースクラブからも離れていった。私は今も時として彼らと街で会うことがあるが、その誰もが今でもあの映画プロジェクトのことを良き記憶にしている。すごく有意義で、自分の人生でひと味違う経験だったと。刑務所に行った若者も、今は出所して会うことがあるが、彼も刑務所内でボランティア活動に関わっていたという。

ユースワークの〝効果〟を、若者たちの生活や環境から切り離して数値化したり証明することは難しい。しかし、あのプロジェクトが若者たちに多くをもたらしたのは確かなことだ。

2

フィンランドのユースワーカーに聞く
自分に向きあい、同僚と語りあう

●――松本 沙耶香・松田 考

本書の1章2でも記されているように、フィンランドは欧州において発達したユースワークの制度をもつ。ユースワークは「青年法」で法定されており、ユースセンターの多くは公設公営で、民間団体が運営するユースセンターも公的財源が配分される。そしてスタッフは、ユースワーカーとして専門の養成課程で職業資格を取得して、いわば専門職として働いている。

今回お話をうかがったのは、ヘルシンキ市青年局（当時）上級プランナーのメイユさん（ニックネーム、本名はメーヤ・ホピ）と、同市青年局プランナーのピペさん（ニックネーム、本名はピルヨ・マッティラ）。プランナーとは、事業の企画や政策立案を担う管理職。職場のラインを管理する管理職とは別に設けられている。

二人は、魅力あふれる人柄で、何度会っても「また会いたい」という気持ちにさせてくれる。メイユさんはいつもカラフルな服装でスマートに現れ、ピペさんは挨拶代わりに変顔をしたり愛嬌満点。二人は、10代の頃からの友人で、ユースワーカーとしての最初の職業資格をとるための学校（後期中等教育段階）で出会っている。現場のユースワーカーを経て、今はプランナーとして、事業計画や新たな施策づくりに取り組んでいる。

筆者二人は日本でユースワーカーとして15年以上になるが、働きはじめた頃はユースワークという言葉にもなじみがなかった。「ユースワークとはこういうものか」とおぼろげながら実感できるようになったのは、実践者として10年を過ぎた頃だった。しかし今なお、胸を張って「私はユースワーカーです」と名乗ることに何かしらの引っかかりを感じているのも事実である。

ユースワーカーの養成課程をもつフィンランドだが、彼女たちは二人とも、高校時代にはユースワーカーになるつもりなどなかったと言う。ならばどのようにしてプロのユースワーカーになったのか、そしてユースワークをどう考えているのか、同業者の後輩として話をお聞きした。

●どのようにユースワークの世界に入ったのか？

ユースワークの世界に入るまでに、メイユさんにはまったくの異業種経験があった。

高校の頃は、大学で国際政治を学びたいと思っていた。しかしその夢はかなわず、ユースワーカー養成課程の学校に入り、卒業後はその地域で若者を対象にしたプロジェクトに携わった。その後は、児童養護施設に勤めていたが、「ほかの仕事をやってみたい」という思いから、就職して数年後に旅行会社に転職して添乗員になった。

しかし、「社会的に意味のある仕事をしたい」と考えて、1992年にヘルシンキ市青年局へ転職。そして、本格的にユースワークのプロへの道をたどることになる。

一方ピペさんは、高校の頃は、ジャーナリストになりたいと思っていた。だが、大学入学資格試験を受けた後、未就業の若者を雇用する行政主催のユース活動に参加した。そのことがきっかけで、市のユースワーカーに誘われる。しかし、職業資格がなかったため、ユースワーカー養成課程の学校へ進学した。ピペさんはこの学校でメイユさんと出会う。学校卒業後、NPO団体と行政のユースワーク部門で働き、これが本格的なユースワークの世界への入口になった。そして、1988年にヘルシンキ市の青年局に入った。

●若者との関わりで印象に残っていることは?

メイユさんもピペさんも、現場のユースワーカーそしてマネージャーの経験を経て、今ではヘルシンキ市のユースワーク全体を統括する役割を担っている。長いキャリアをふりかえって、印象に残っている若者の話を聞いた。

メイユさんが話してくれたのは、若い頃に関わった、卒業後の進路に悩んでいる男の子の話。どのように生きていきたいかを何度も話し、彼の自分探しや多くの挑戦につきあっていた。しかし、メイユさんは「そのときはユースワーカーとして葛藤していた」と言う。彼が自分探しをする時間を大切にしてあげたい一方で、卒業後すぐには進学せず、1年ほど休む若者の選択を問題とする研究もあるからだ。しかし、メイユさんは彼を導いたり意見したりはせず、一緒に物事の良い面と悪い面の両面を考えていった。そして最終的に彼は、将来の夢を自分で見つけ出すことができた。

ユースワーカーに大切なのは、「日々の出来事や自分のふるまいについて、これでよかったのかと考えつづけること」だと二人は指摘する。

ユースワーカーは、信頼される大人でありながら、「大人と子どもの垣根を低くしつつ、しかしその違いをすべてなくしてはいけない」。大人だから知っていて当然、できて当然ではなく、大人でもわからないことがあると示していく。わからないことを、若者から教えてもらう姿勢も大切だ。

ユースワーカーの若者への関わり方は、学校で大人が求められる関わり方とは異なる。卒業時に進学したり就職したりするのは当たり前とされがちだが、それを押し付けることはしない。「若者自身が気づくまで、待つ。ユースワーカーは若者自身が気づいていけるように関わっていく」と語る。

●ユースワーカーらしい関わり方とは?

ユースワーカーらしい関わり方とはどのようなものか。先の話に続けて、その端的な場面について聞いた。

ワーカーとして働いていた時期、メイユさんはユースセンターで屋外イベントを企画した。若者たちと一緒に一つひとつ調べていくと、そのイベントの開催にあたっては、警察署の許可や環境に関する許可など、複数の許可申請が必要だった。若者を先導するのではなく、こうして一緒に動いていくところは、ユースワーカーらしさの一つだ。

また別の例として、ユースセンターの周年記念パーティーを開いたときの話もしてくれた。そのときには、若者たちがプログラムをすべて考え、挨拶のスピーチも自分たちでおこなった。最初はユースワーカーが主導することもあるが、ある程度進むと、「引く」ようにしている。若者が自分たちの力だけで進めるように支えていく。どこでユースワーカーが手を引くのかたずねると、「その引き際は、長く経験を積まないとわからない」と笑った。

日常的に10代の若者に接しているだけでは、プロのユースワーカーにはなれない。ピペさんは、「若者と一緒に何かをすることが大切。と言っても、何もしなくてもかまわない。その場を共有していることが大切」と、ユースワーカーとしてのアプローチを語る。今何もしていなくても、それは関わりをもっていないのではない。悩みや問題があったとき、それをどうしていけばいいか、若者が自分で気づいて立ち向かっていけるように関わっている。

ユースセンターには、ただ遊びに来ている若者もいる。特に問題を抱えているわけでもないが、消極的で、興味をもっていることも特にない。「そうした若者と一緒に何かをやり遂げることができたときはうれしい」。

●若者の変化を感じるときは?

ユースワークは人と人とをつなげる仕事でもある。若者同士の関係性のなかで若者自身が変化したと感じる場面について聞いた。

若者がモデルとして舞台に立つファッションショーがあった。複雑な家庭事情がある女の子がいて、このイベントのグループに誘った。当初彼女は、グループに参加せず、もちろんステージにも上がろうとしなかったが、さまざまな関わりを続け、最終的にはステージに上がることができた。

彼女自身が何かをやろうとしたとき、周りには仲間がいた。勇気を振り絞ってステージに上がり、自然に微笑むことができたのは、彼女がグループのなかに自分の居場所を見つけたからだった。ユースワーカーとして、彼女と自分の個別的関係で励ますより、グループの一員になるように励ますことに注力し、それが実を結んだ場面だった。

若者は若者同士の関わりのなかで多くのことを学ぶ。大人と若者との関わりは、若者同士の関わりとは異なるものだ。「若者が人づきあいのなかから学んでいくことを手助けするのが、ユースワーカーの役割の一つ。さらに言えば、そうした学びを得られるような、若者同士の関わりあいの場をつくること」、それが、ユースワーカーの腕の見せどころだ。

実はメイユさんも、はじめは一人ひとりの若者を支援していくという考えをもっていた。それが今は、「人とのつながりのなかで支援をしていくのがユースワークだ」と、考え方が変化していった。キャリアを重ねていくことで、ユースワークの本質が見えてくる、とメイユさんは考えている。

●ユースワークの現場で大切なことは？

そうしてキャリアを重ねてきた二人は、今ユースワークの現場で何をいちばん大切にしているのだろうと思い、聞いてみた。

ユースワークの現場で何か問題が生じたときに、どのように行動するか、危機的状況下でどのように連絡をとりあうかなど、「現場ではユースワーカー同士の認識の共有が重要」と強調した。それは、マニュアル化されるような規則ではなく、本を読んでセオリーを身につければできることでもない。職場のユースワーカー同士が、話しあいを何度も重ねることで認識を共有できるようになるのだという。

一つの事例として、あるユースセンターのなかで、それぞれのユースワーカーのキャリアや力量に応じて演劇、音楽、キッチン、全体のまとめ役を決めたことがあった。その結果、ユースワーカーの担当分野によって若者に対して異なる態度をとることとなり、ユースワーカー間に軋轢が生まれてしまった。

このときは、ユースワーカー同士が、ユースセンター全体の場としての認識の共有を十分しないままに役割を分担したため、バラバラな対応をしてしまい、混乱を生んでしまったと考えている。

ユースワーカーのなかには、自分の考えを批判されたくないから情報交換をしたくないと思う人もいる。専門性や力量を養っていくためには、文句のぶつけあいや批判のしあいにならないよう、ユースワーカー同士が話しあえる環境がつくられていることも重要だ。若者への関わり方について悩み・悩みあう姿勢をもっていることがユースワーカーの専門性だと言える。だからこそ、チームのなかで話しあいをもつこと、語りあえる関係性と環境（場）が重要だと考えている。「ユースワーカー同士で徹底的にその場の認識を共有しつづけること、そうした環境があることが必要」と、二人は強調する。

●ユースワーカーとしての専門性を深めるために何が必要か？

現場のユースワーカーを経て、プランナーへとキャリア形成をしてきた二人。その経験をふりかえって、ユースワーカーとしての専門性を深めるためには、どのようなことが重要だと考えるか、たずねてみた。

メイユさんもピペさんも、ユースセンターのセンター長になってから、見える景色が変わったと言う。

管理職になり、指導する立場になったときに、「ユースワークとは何か」「もっと良いプロになるには」と意識した。管理職になると、現場のユースワーカーたちがそれぞれの特技を生かすことに加えて、一定の共通した考え方のもとで若者たちと関わることを重視するようになる。その日その日の仕事だけでなく、中長期的視野をもつこと、ユースワーカー間で、現場における認識の共有化を統括することを意識するようになる。

また、自らの視点が、自分が働いているユースセンターのなかだけでなく、市の青少年施策などへも広がっていった。「自分の職場内というミクロな視点だけでなく、自治体や社会のあり方などマクロな視点に広がっていくことが専門性の深化」だと感じている。若者に直接関わるだけでなく、国やシステムを変えていくために、現場の状況を外に発信していくことや、若者を取り巻く社会的・政治的な背景をある程度把握して対応していくことも、ユースワーカーの重要な役割である。

フィンランドは充実したユースワーカー養成課程をもっているが、職業資格をとったとしても、それは専門職として入口に立っただけ。ユースワーカーとしての力量は、現場でチームの一員としてさまざまな経験を重ねながら身につけていくのだ。そして、時々の実践をふりかえり、評価の時間をもつことで、専門性を深めることができる。

長年の経験を重ねても、「若者に関われば関わるほど、自分自身の不安も高まる」と言う。ユースワーカーとして、どのように関わっているか、若者に適切な話し方をしているか、若者の声に耳を傾けられているか、若者がきちんと参加できているかなど、常に自分自身に向きあい、悩む姿勢をもつことが大切だ。

そして、実践に理論的な学習を重ねあわせることで、「これで良かった」「こうだからうまくいかなかった」とふりかえることができるようになり、結果として不安も取り除くことができる。経験したことを分析できない人は、柔軟性に欠け、壁にぶつかったときに耐えられない。「経験が豊富であっても、さらに学ぼう、常に仕事を良くしようとすることが大切」と、二人は口を揃える。

メイユーさんもピペさんも、ユースワーカーとして働きながら、大学院など現場外での学びを重ねてきている。大学や大学院での学びを通じて、理論的基盤をもつことができ、「ずっと学びつづけてきて、もっと深く勉強したいと思ったし、私自身も向上できた」。理論的な基礎は財産であり、強みになる、と実感している。

●インタビューを終えて

フィンランドや北欧では、生涯学習やキャリアアップの教育機会が充実している。仕事の折々に学校に戻って勉強し、さらにはそうした学びを終えて戻ることができる職場がある。フィンランドには、実践と学びを往還しやすい社会の基盤があること、社会としてもそれを強く推奨していることは、二人のキャリアにも大きく、それでいて自然に、影響を与えている。

一方、日本のユースワーカーの多くは、体系立てられた養成課程を経ずに、実践現場に入ることがほとんどであり、常に「ユースワークとは何か」の問いに向きあわねばならない。実践を通じて多くの若者と関わっていれば、ユースワーカーとしての判断力、長年の勘や感性が養われるだろう。しかし、どれだけ経験があっても十分ではなく、経験と学習を絶えず往還しながら自己を探究し、ユースワークそのものをつくっていく営みの大切さを、二人の語りからあらためて実感した。

筆者は、二人へのインタビューを通じて、自分たちの実践を題材にしながら、客観的に学ぶという貴重な機会を得た。ユースワークと向きあう大きなきっかけと、「私はユースワーカーです」と名乗る勇気をくれたメイユさんとピペさんには、心から感謝したい。

3

ソーシャルペダゴジー
――ユースワークの概念的実践的基盤

●――横井 敏郎

（1）ユースワークの基盤にあるソーシャルペダゴジー

ヨーロッパではユースワークはどこの国でも見られるが、すべての国でユースワークという言葉が普及しているわけではない。たとえば、デンマークにはユースワーカーではなく、ペダゴーグ(pedagogue)やソーシャルペダゴーグ（socialpedagogue）[1]という職種があり、それらが幼児から高齢者まで幅広い年齢の人々を対象とし、また保育から若者支援、児童養護、高齢者生活支援、障がい者支援など多岐にわたる領域で活動している。若者の成長をサポートする活動はこれらの多様な支援活動の一つであり、それを含んで幅広い領域で支援活動をおこなう上記のような専門職が存在している。ヨーロッパではこのような専門職は多くの国で見られ、デンマークのほかにドイツ、オーストリア、スイス、フランス、ベルギー、スペイン、ポーランド、ノルウェー、スウェーデンなどでソーシャルペダゴーグやそれに類する職種が存在している。[2]

ただし、国によってそれらがカバーする領域には違いがあり、関連するほかの社会的な専門職との関係も異なっている。デンマークでソーシャルペダゴーグは上述のように幅広い領域をカバーしているが、ノルウェーでは困難な生活状況にある子ども・若者およびその家族を対象としており、アイスランドでは障がい者支援に特化している。[3] フランスやベルギー、スイス、スペインなどは、ソーシャルペダゴーグとソーシャルワーカーのほかに社会文化アニマシオン（animation socioculturelle）という職種があり、三つの専門職に分化しているが、ドイツはソーシャルワークとソーシャルペダゴジーが融合している。[4] またそれらの専門職が形成され、ソーシャルペダゴジーという言葉が普及する時期も国によってまちまちであり、これらの職の社会的な認知度や専門化の度合いも同じではない。

しかし、こうした多様性をはらみながらもヨーロッパの多くの国々にはソーシャルペダゴーグや類似専門職が存在している。そしてそれらの基盤には共通する考え方がある。それがソーシャルペダゴジー（social pedagogy）である。本節ではユースワークの概念的実践的基盤であるソーシャルペダゴジーがいかなるものかを紹介し、ユースワークの理解の助けとしたい。[5]

（2）19世紀ドイツにおけるソーシャルペダゴジーの誕生

ソーシャルペダゴジーの起源は19世紀半ばのドイツにある。ドイツ近代国家は分散していた小国を統一して形成されたため、国民の文化的な統合が重大な国家課題となっていた。また産業革命によって工業化・都市化が進み、貧困をはじめとする深刻な社会問題が発生していた。こうした状況のもと、文化的統合と社会的統合には教育が重要な役割を果たすべきだという考え方が生まれてきた。そこで生み出された教育理論と実践がソーシャルペダゴジーである。[6]

ドイツで最初にソーシャルペダゴジーという言葉を使ったのはK・マーガーとされる。マーガーは古代ギリシャのペダゴジーに触れながら、ペダゴジーとは「文化の獲得」に関する理論であるとし、その観点から単なる個人の成長のための教育ではなく、社会全体の形成発展に資する教育の必要性を説いた。[7]人の成長とはただ個人の意識が変わるということではなく、家族やコミュニティ、社会とのつながりに意識をもち、個人が社会の積極的な構成員になっていくことであり、人々はそうした能力をもっていると主張した。[8]

同時期のドイツでソーシャルペダゴジーを提起したもう一人の人物がF・A・W・ディースターヴェーグである。ディースターヴェーグは工業化・都市化による社会問題の解決には教育が重要であると考え、教会の指導や規律によるのではなく、人々の社会的な能力の育成を通じた社会改革をめざした。[9]

マーガーが社会全体の発展の見地からすべての人を対象とした教育を重視したのに対して、ディースターヴェーグは社会問題の解決のための方法として教育に注目した。現代のソーシャルペダゴジーにおいてもこの二つの流れが確認できる。前者はユニバーサル型のユースワークに、後者はターゲット型のユースワークにあたると言えばわかりやすいだろう。二人の注目点は異なるが、いずれも学校にとどまらず、より広い場を通じて人々に学習と成長の機会を与える教育の重要性に着目し、それをソーシャルペダゴジーと呼んだのである。

(3) ソーシャルペダゴジーの概念とソーシャルペダゴーグの専門性

●ペダゴジーとは?

一般にペダゴジー(pedagogy)という言葉は教育学や教育そのものを指したり、また教授学、教授法といった意味で使われることが多い。その場合、学校教育が念頭におかれるのが通常である。

語源を探れば、それは先述のマーガーも触れているように、ギリシャ語の paidagogia にさかのぼる。古代ギリシャの裕福な家庭では知識を教える教師(didáskalos)のほかに、子どものそばにいて世話をしながら、人としてのあり方を学ばせる教育係(paidagōgus)もおいており、両者の活動は明確に区別されていた。前者はいわば文字を教えることを仕事としていたのに対して、後者は生活に焦点をあてていた。[10]

教育（education）が学校で知識を教え能力を引き出すことを意味するのに対して、「人との関わり方、共にいるあり方」がペダゴジーである。それは単に知識を教えること、物事を知ることではなく、共にいて関係をつくり、日常のなかのさまざまな機会を通じて、その人のニーズや幸福（wellbeing）に関心をもつことであり、そうした関係性を通じてその人が自己を振り返り変化するよう促したり、ニーズや幸福がかなえられるよう環境や条件を共につくっていくことがペダゴジーの意味である。[11]

ペダゴジーとは狭い意味の知識の集積や教師による指導ではなく、関わりを通じて人とその関係に変化をもたらすことであり、ソーシャルペダゴジーにもこのような意味あいが含まれている。

●ソーシャルペダゴジーとソーシャルワーク

19世紀ドイツのソーシャルペダゴジーのねらいの一つは社会問題の解決にあった。現代においてもソーシャルペダゴーグはさまざまな困難を抱えた人々の支援をおこなう専門職としておかれている場合が多い。貧困等の問題を解決する専門職としてソーシャルワーカーがあるが、ソーシャルペダゴジーとソーシャルワークはどのように違うのか。

一般にソーシャルワークとはシステムの見地から個人と環境の相互作用をとらえ、両者の関係改善を通じて問題解決を図るものとされる。[12]それはおもに資源の不足や子ども・家族の抱える問題を対象としており、しばしば「欠陥志向」（deficit-oriented）と言われる。[13] 何らかの困難を問題として客観的に把握し解決を図るのがソーシャルワークであるのに対して、ソーシャルペダゴジーにおいては、そのように対象者と距離をとり、専門性に基づいて客観的に診断することが目的なのではなく、対象とする人々の身近にいて日常生活を共にすることが重視される。[14]

ソーシャルワークは環境改善によって問題が解決すれば、それでワーカーと対象者との関係も終わる。しかし、ソーシャルペダゴジーにおいては特定の問題解決のためだけにソーシャルペダゴーグと個人の関係がもたれるのではなく、個人の生活や人生全体に寄り添い、支えていくことも往々にしてあり、長く関係性が維持される場合も多い。

さらに、ソーシャルワークは困難を抱えた特定の人だけを対象とするのに対して、ソーシャルペダゴジーにおいては希望するものが自由に出入りできるような場でおこなわれる実践も多い。こうした点も両者の違いとして指摘できる。

●ソーシャルペダゴーグの専門性

デンマークのソーシャルペダゴーグ全国連合会（Socialpædagogernes Landsforbund）は約4万人を組織する労働組合である。同会はソーシャルペダゴーグの労働条件・環境の改善に取り組むとともに、その専門性や倫理基準について研究や提言をおこなう専門職団体としての役割ももっている。同会が発行した二つの文書『ソーシャルペダゴーグの核となる専門性[15]』と『ソーシャルペダゴーグの倫理的価値基礎[16]』をもとに、ソーシャルペダゴジーとソーシャルペダゴーグの目的や専門性をどうとらえているか見てみよう。

まず、ソーシャルペダゴーグとは「ホリスティックな専門家」(holistic specialist)であるとされる。これを象徴的に表すものとして、脆弱な人々の支援の分野で働くソーシャルペダゴーグの次のような言葉が紹介されている[17]。

それは人を依存症者やアルコール中毒者、犯罪者、異常者としてではなく、一人の人間として見ることです。

ソーシャルペダゴーグの仕事は、障がいや中毒、社会的・精神的機能不全にではなく、人に焦点をあて、対象者を一個の人間として包容していくことである。

ソーシャルペダゴーグの専門性とは何か。文書はそのもっとも重要な専門性は関係性であるとしている。対象者と関係をもちながら働いている専門職は多々あるが、ソーシャルペダゴーグは関係性が実践の中核にあるという点に本質的な特徴がある。たとえば医師の場合、手術の成功にとって患者との関係性が決定的に重要な要因となるわけではない。しかし、ソーシャルペダゴーグの実践が成功するかどうかは対象者との関係に大きく依存する。利用者と共におこなう活動自体が目的なのではなく、対象者とソーシャルペダゴーグが共に何かに取り組むなかで自律性を育んでいくことができる枠組みを用意することが目的である[18]。

またソーシャルペダゴーグは、人々が社会の一員として可能性、希望、目標をかなえられるよう、そして変化と発達の条件を整えられるよう支援するだけでなく、包摂と参加を促進する社会的条件の整備に取り組むことも期待されている。個人のありようは社会制度に規定されており、社会制度のあり方にも関わりながら個人の変化と発達のための条件を整えていくことも専門性に含まれている。[19]

(4) 事例から見るソーシャルペダゴジー——デンマークのユースクラブ

ここでは事例を通じてソーシャルペダゴジーの中核的な概念を確認したい。以下ではソーシャルペダゴジーの実践が広く普及し、専門職も発達しているデンマークの事例調査を紹介する。

●アルバーツフンド市のユースクラブ

デンマークのソーシャルペダゴジー研究者S・ランガヤーは2009年にアルバーツフンド市のユースクラブ（利用年齢10〜18歳）の調査をおこない、ユースクラブにおけるソーシャルペダゴジー・アプローチの意義を見出そうとしている。[20]

同市には「アルバーツフンドのベルリンの壁」があると言われる。大通の北側は中流階層や富裕層が住み、住民の大半はデンマーク人であるが、南側は移民やその子孫であり、ユースクラブも利用者の文化的社会的背景や提供される活動が南北で異なっている。どちらの地域のユースクラブでもやめる子どもに女子が多いという傾向や、障がいのある子ども・若者をいかに受け入れるかが課題になっていた。

調査によると、ユースクラブは二つのタイプに分かれた。一つは北側の活動志向クラブであり、もう一つは南側の関係志向クラブである。前者はサッカーや乗馬、ダンス、スカウトなど、子ども・若者がやりたい活動を自由に選択し、その活動を軸にして共同的なコミュニティをつくることを中心において運営しているクラブであり、デンマークの伝統的な放課後活動のタイプである。後者は活動をおこなう以前の前提条件としての子ども・若者の間の持続的な関係性、そして子ども・若者とスタッフとの間の社会的情緒的なコミュニティの形成を重視するクラブである。

●友だちが行くから行く

子ども・若者にアンケートをとったところ、クラブをやめた理由として「友だちが行かないから行かない」という回答がもっとも多かった。低年齢層にとってクラブは新しい友だちをつくる場であるのに対して、高年齢層ではすでに友だちの輪はできており、仲間と会えるかどうかがクラブの魅力に大きく影響する。

またクラブに行く理由についての質問では、八つの選択肢のうち「友だち」「学校の友だち」を選んだ者が54％であったのに対して、「おもしろい活動」は17％、「大人が話しやすいから」が10％であった。また、親友がクラブに来るかどうかあらかじめわかっていることは重要かどうかを聞いた質問に対しては、67％が「重要」「ある程度重要」と答えており、「重要でない」「あまり重要でない」は20

%、「わからない」が13%であった。ユースクラブに通いつづけるか否かに友だちの存在が大きく関わっていることが明らかになった。

●関係づくりアプローチ

活動志向クラブでは年齢が上がるとともにやめる子ども・若者の数が増えるという問題が生じていた。年齢とともに興味関心が変化するため、クラブの活動が魅力的でなくなっていくということが要因の一つとして考えられる。ユースクラブ以外にも多様な放課後活動の機会があり、活動志向クラブはそれらと競合せざるをえない。

しかし、北側のユースクラブにおいてもデンマーク以外の民族的背景をもつ女子を包摂できているクラブが見られた。そこでは「ガール・ベース」(Girl Bases) という「クラブのなかのクラブ」を用意していた。そこは一部のクラブ利用者のために確保された安全な場所であり、特に傷つきやすい女子にとって親密な関係をもつことができる場となっていた。ほかにも北側のあるクラブでは同じような「ベース」を設けることで障がいのある子ども・若者がクラブに定着するようになっていた。

「クラブのなかのクラブ」は安全な場所であるがゆえに閉鎖性をともなうが、一切出入りができない場ではない。多様な子ども・若者がいるクラブの共有スペースに出て行ったり、何らかの活動に参加したりできるように設計されており、傷つきやすかったり、不利を抱えている子ども・若者も「ふつう」の子ども・若者と出会うことができる。

ユースクラブは単に魅力的な活動を用意すればよいのではなく、まず子ども・若者がクラブにいることが必要であり、「何をやりたいか」を聞く前に「そこにいたい」と思うようになるアプローチが重要である。ユースクラブのなかにいられる場所、そして持続的な関係性をつくっていくことが実践の第一歩でなければならない。これを通じて友だちができる。友だちとの関係ができたことによってまたユースクラブに行くという循環が生まれる。「友だちが行くから行く」というのはソーシャルペダゴジーの関係づくりの結果であり、また実践そのものと言える。

まとめ——ソーシャルペダゴジーとユースワーク

ソーシャルペダゴジーは単に貧困等の困難を抱える人々だけを対象とするものではなく、より広くすべての人を対象として含みうるものである。また困難を乗り切ることができるようただ個人の能力を高める活動ではなく、個人と社会の関係のあり方を常に考え、課題を乗り越えていける主体的条件と環境的条件を共につくっていく実践である。ソーシャルペダゴーグの専門性は人を全人的にとらえて包容していくこと、そして関係づくりを中核としている。

ソーシャルペダゴジーは多様な人々を対象にさまざまな場で実践されている。ユースワークもソーシャルペダゴジーの一つの実践形態である。ユースワークの基盤には、共にあり、関係をつくりながら、人を支え、また変化を促すための条件をつくる教育実践としてのソーシャルペダゴジーがある。

日本ではこの20年間で若者支援が大きく広がり、多様な取り組みがおこなわれるようになってきた。また国の若者自立支援政策のもとで困難層に焦点をあてた取り組みが推進されており、自立のためのスキルの獲得を目的とした活動が増えている。若者支援が拡大するなかで今、若者支援活動の目的や特質、支援者の専門性について明確にすることが求められている。本節ではユースワークとは何かを理解するために、その概念的実践的な基盤となっている欧州のソーシャルペダゴジーを紹介した。ユースワークという実践の本質と価値が少しでも明らかになれば幸いである。

【注】

1 デンマーク語ではソーシャルペダゴーグは socialpædagoger、ペダゴーグは pædagoger であるが、本章では英語によるソーシャルペダゴーグ、ペダゴーグとする。後述のソーシャルペダゴジーもデンマーク語では socialpædagogik であるが、同様にソーシャルペダゴジーとする。なお、ソーシャルペダゴジーは直訳すれば社会教育学であるが、日本の社会教育学、社会教育を想起させるためここでは和訳しない。

2 Kornbeck, J.（2014）. Convergence and divergence in conceptualising the professions of social work and social pedagogy and their professional education, and the question of Europeanisation: Germany, Denmark and Belgium（1989-2004）. Doctoral thesis, University of London. Consejo General de Colegios de Educadoras y Educadores Sociales（2014）. *The Profession of Social Education in Europe: Comparative Survey*. Barcelona: CGCEES.

3 Nivala, E.（2019）. Editorial: special issue on social pedagogy in the Nordic countries, *International Journal of Social Pedagogy*, 7（11）, 1-9.

4 Kornbeck, J（2012）. Reflections on the exportability of social pedagogy and its possible limits. *Social Work in Europe*, 9（2）, 37-49.

5 イギリスではソーシャルペダゴーグという専門職は存在せず、ソーシャルペダゴジーという概念も普及していない。近年イギリスの一部の研究者は大陸のソーシャルペダゴジーに注目してその学問的な移入を図っている。Cameron, C. & Moss, P.（Eds.）（2011）. *Social Pedagogy and Working with Children and Young People: Where Care and Education Meet*. London and Philadelphia: Jessica Kingsley Publishers.

6 Lorenz, W.（2008）. Paradigms and politics: understanding methods paradigms in an historical context: the case of social pedagogy. *British Journal of Social Work*, 38, 625-644.

7 Lorenz, W.（1994）. *Social Work in a Changing Europe*. London: Routledge.

8 Charfe L. & Gardner, A.（2019）. *Social Pedagogy and Social Work*. London: Sage Publications Ltd.

9 注7に同じ。

10 Smith, M. K.（2021）. What is pedagogy?: a definition and discussion.（https://infed.org/mobi/what-is-pedagogy/ ２０２１年７月５日アクセス）。

11 同上。

12 植戸貴子編（２０１８）『ソーシャルワーカー教育シリーズ①　ソーシャルワークの基盤と専門職［第２版］』みらい。

13 注６に同じ。

14 注２に同じ。

15 Socialpædagogernes Landsforbund（2017）. *Den Socialpædagogiske Kernefaglighed*.

16 Socialpædagogernes Landsforbund（2015）. *Etisk Vaerdigrundlag for Socialpædagoger*.

17 注15に同じ。

18 同上。

19 注16に同じ。

20 Langager, S.（2011）. “If my friends are there, I'll come, too...”: social pedagogy, youth clubs, and social inclusion processes. In Kornbeck, J. and Jensen, N. R.（Eds.）. *Social Pedagogy for the Entire Human Lifespan*. Bremen: Europäischer Hochschulverlag GmbH & Co. KG. 222-241.

3

若者が育つ場をつくる

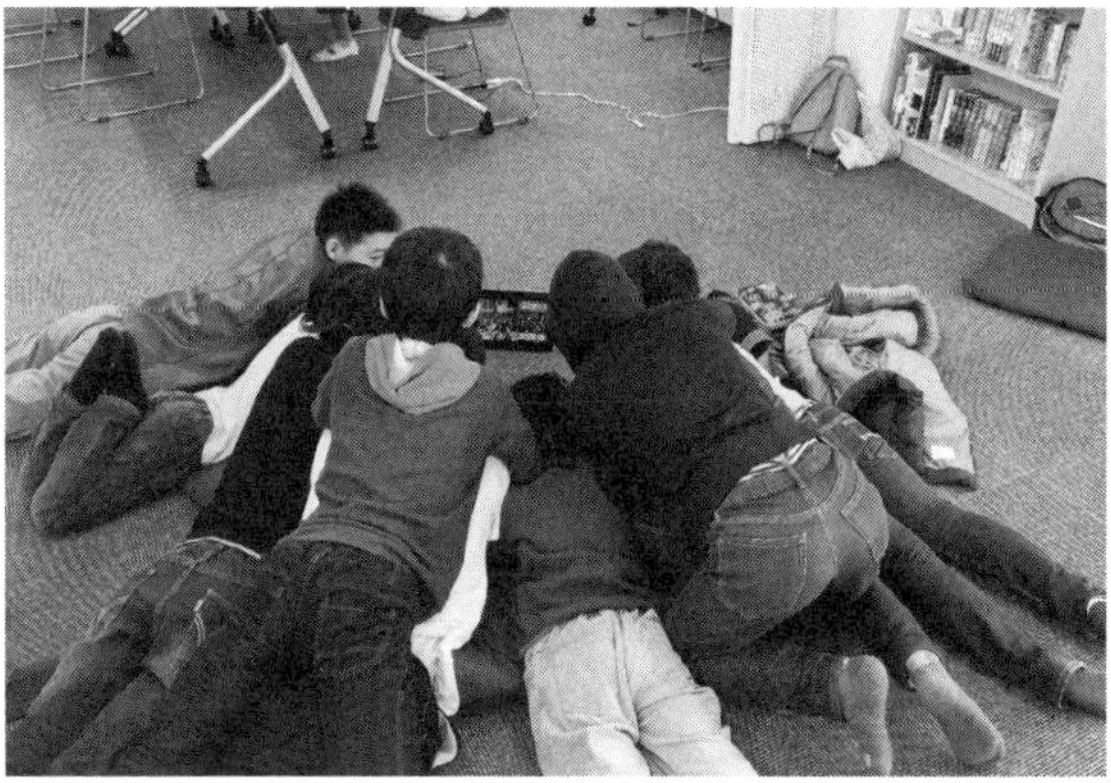

ユースワークの場：遊ぶ（東京都内）

この章は、本書の中心である。私たちの研究会メンバーであるワーカーたちが、「場をつくる」ユースワークとしての若者支援という視座から、「現場のストーリーを語り、描き、伝える」手法で、ストーリーを描く。❶では、各ワーカーが、「これが場をつくる若者支援だ」と思える自らの仕事の経験を語り、聴きあい、描き、読みあい、推敲を重ねた。❷では、場の参加者だった若者たちから話を聴き、その内容をもとにワーカーがストーリーとして描き、やはり読みあい、推敲を重ねた。❸では、国内の現場で長く中核的存在だったユースワーカーに後輩ワーカーがインタビューした。

1

ワーカーが描くユースワーク

ストーリー❺
ただそばに居ること

——勝部　皓

一般社団法人Ａｔｌａｓは、学習支援事業に参加する大学生を中心にして立ち上がったボランティア団体である。２０１２年から市の独自事業として取り組まれた、子どもたちの学習支援を担当してきた。当時は公営施設の会議室を借りて、大学生のボランティア・スタッフを中心に運営していた。２０１５年からは厚生労働省が制度化した「生活困窮者自立支援制度」メニューの一つである、「生活困窮世帯の子どもの学習・生活支援事業」を実施している。以下で描くのは、この学習支援事業で出会い、一緒に成長していった若者と僕、そして僕らを支えてくれた場のストーリーである。

なお、Ａｔｌａｓは、２０１８年より一般社団法人化し、学習支援以外にも幅広く子ども・若者の場づくりの事業を実施している。すべての子ども・若者が、自分の居場所と出番を感じられる場をつくることを大事にしている。

●彼と僕の現在地

僕が彼と出会ったのは、もう8年前。私たちの学習支援に中学2年生の頃から来てくれた彼は、今では社会人となり、スタッフとして参加してくれている。ただ、スタッフとして来てくれているとはいえ、積極的に子どもと関わる場面は多くない。でも、時折「サカタさん、○○って知ってます？」とか子どもに聞かれると「おう、知ってるで」なんて言って子どもと話す。もちろん、そんなに話さず、全体を見守っているだけの日もある。それでも、残業がない限り毎回来てくれて、ふりかえりの時間では「そんな関わってないけどな」と言いつつも場全体を見て気になったことや子どもらの会話の様子を、けっこう細かいところまで覚えていて共有してくれる。それが、彼のスタイルであり、スタッフとしての居方なんだろうな、と思う。成長したな、なんてことも思う一方で、この居方の根本は変わっていなかったりもする。とはいえ、僕が出会った彼が中3の頃は、もっともっと「よくわからない」子だった。そして、そんな彼と、場に居る子どもたちと無我夢中で関わった僕の最初の1年が、今考えると僕のユースワーカーとしての原点となっている。そんな原点の1年をふりかえりたいと思う。

●僕の〝場〟との出会い

大学4年生の僕が初めて〝場〟に参加したとき、彼は中学校3年生だった。僕はそれまで、ホームレス支援や障がい者施設のボランティア経験はあれど、中高生年代の子どもと関わるボランティアは初体験だった。最初に気になったのは「居場所づくり」というキーワードであり、子ども・若者支援には強く関心はなかった。そのなかで、偶然知った場に「どんなもんじゃろな」なんて思いながら入った日のことは、今でもよく覚えている。初めて行ったのは3月末の「卒業式兼離任式」。この年で、中学を卒業する子どもの区切りをつける「卒業式」と場を離れる大学4年生のボランティアスタッフが「離任式」という形で場と別れを告げる特別な回だった。離任式で、最後の挨拶をするスタッフが次々に泣いていた姿は、たぶん忘れることはないと思う。当時「なんで泣くんだろう」と思っていた。「なんなんだろうこの場は」と思った。それが、Ａｔｌａｓのつくる場の第一印象だった。

●学習支援という〝場〟

そんな印象的な出会いを経て、「家からとても近かったこと」「居場所づくりの現場に継続的に関わってみたいこと」を理由に、僕はこの場に通うようになる。

この場は「学習支援」という名前こそ付いているが、その実態は決して塾みたいなものではなかった。当時使っていた場所は公設の会議室の一室。長机とパイプ椅子が並び、前にはホワイトボードが一つ。いちばん後ろにはソファーも置いてあった。会議室の外にソファーや水場のあるロビーがあり、そこで来客対応や個別面談をしたりもしていた。

そんな空間のなかで、子どもたちは思い思いの過ごし方をしていた。当時来ていた子どもは5人ぐらい、スタッフは同数以上いた。宿題をもってきてスタッフに教えてもらいながら取り組む子もいれば、イヤホンを耳に着けながらひたすらゲームに取り組む子もいる。みんなで百人一首をしたり、長机を並べて卓球をしたり。いちばん後ろのソファーで並んで愚痴を聞いたり。わざと場のなかで大学の課題に取り組んでいると、子どもたちが興味をもってくれたりして、それを切り口にして、ちょっと先を生きる先輩である「大学生」の姿を見せたりする。そんな感じで過ごしながら、子どもたちがいずれ自立していけるような力をゆっくりと育める場をつくっていく。それが、この〝場〟だった。

僕のほうはと言えば、最初から子どもと関わることができたわけではない。人と関わることが得意ではなかった僕は、最初はどう関わるべきか、どうふるまうべきかわからず、ただただ後ろのソファーで固まっていた。そんな僕を、「なんて名前なん？」と話しかけてくれたりと、周りのスタッフは関心をもって受け入れてくれた。そうしてだんだん、先輩であるスタッフの動きを見て一緒に子どもと関わったり、漠然とした「ここに来る子たちは人との関わりを求めているだろう」という前提に立って子どもに自分から近づいていったりして、ちょっとずつ子どもとの関わりをつくっていった。

そんななかで、僕はゆっくりと場に居る子どもたちのことを知っていく。発達特性があり、元気にみんなと関わろうとする妹とちょっとペースがゆっくりな兄の兄妹、イヤホンを片耳にしながらゲームをして過ごし、話すと気さくで笑顔を見せてくれる高校生、時折来ては女性スタッフとガールズトークを繰り広げる女の子。そして、ドアに近いいちばん後ろの長机に居座る、ちょっと関わりづらそうな雰囲気をもった男の子。それが「彼」こと「サカタ」だった。

●「サカタ」という子

当時のスタッフ会議で、サカタの名前はよく話題に上がっていたと思う。たとえば、スタッフに対する暴力行為が見られたこと。たとえば、受験生であるにもかかわらず、なかなか勉強に取り組まないこと、等々。ただ、それ以上にみんなで気にしていたのは「なんでこの子は来てるんだろう?」「この子は何を求めて来ているのだろう」ということだった。ほかの子と違い家が遠かった彼は、来るときは車で送ってもらい、帰りはバスで30〜40分かけて帰っていた。そんな時間も手間もかけて来るにもかかわらず、勉強するわけでも、スタッフと積極的に関わるわけでもなく、求めている思いが見えにくい子。わかりやすいコミュニケーションはなく、返答はおおむね「別に」か「いつも通り」の二択。スパッと言い切ることが多いので、会話を広げにくく、思いも汲み取りにくい。かといって、コミュニケーションがとりにくいわけでもない。当時のスタッフに聞いても、「心を摑むのが難しい」「どう距離を詰めたらいいんだろう」と言っていたが、総じて「わからない子」だったと思う。実際、距離を詰めようとして返り討ちにあったスタッフや、そんな姿を見て、距離をおいているスタッフもいた。そんな彼を象徴するエピソードとして、一度彼に受験勉強をさせようとしたスタッフに対して、「なんで勉強せなあかんの？　納得させられたら勉強してやる」と返したことがあった。そのスタッフは「ここで変な返答をしたら、この子は本当に勉強しなくなる」と、返答できずに困り果てた、なんてこともあった。

●始まる前の「15分」

そんなサカタと僕の関わりは、最初は些細なことだった。当時僕は、大学から直接会場に向かっていたが、電車の都合で始まる20分前に会場に着かざるをえなかった。そして、サカタも、送迎の関係でいつも15分前に会場に着いていた。場を開く前の15分。会場前のロビーにあったソファーで、僕らはいつも並んで座って過ごしていた。過ごさざるをえなかった、のかもしれない。当時どんな話をしたのか。もう僕もサカタも覚えてない。もしかしたら、ほとんど話していないのかもしれない。記憶に残っているのは、ただ「最近どう？」と僕が聞き、「別に」や「ふつう」とサカタが返し、「そっか」と僕が返答する。それで終わり。しばらくたって、また僕が何かの話題を投げたのかもしれないし、それでもサカタはいつもの返事をして、それで終わっていたと思う。そうして、時間が来てほかのスタッフが来ると、おもむろに二人で会場に入っていった。会話が弾むわけでもない。何か深い話をすることもない。「ただ一緒に居た」だけであったと思う。それでも、一つ言えるのは、僕も彼も、思い返しても不思議と「気まずかった」記憶はない。そして、そんな「一緒に居る」時間は、不思議と僕らの距離を縮めてくれた。自然と、サカタと過ごす時間は増えていった。

●輪の外に居ても、場のなかに居る

そんなサカタと僕の関係を象徴する出来事が、秋に起こった。Ａｔｌａｓの学習支援では、ふだんの活動のほかに「ふだんできない体験をつくる活動」としてイベントを実施している。この年の秋におこなったイベントは「ハロウィン」だった。僕がこの活動に参加して、初めて企画全体のリーダーを任されたイベントでもあった。会場の飾りつけ、お菓子づくり、仮装、お菓子をもらうためのミニゲームと盛りだくさんの内容を、準備から当日の運営まで企画のリーダーとして進めていた。いつも以上に気を配り、時に全体の進行が進むようにある程度の誘導をおこなう。張り切っていた僕はいつも以上にエネルギーを使っていた。そんなイベントの最後は、当時もっとも信頼していたスタッフに任せていたゲームの時間。みんなが輪になってフルーツバスケットをしているなか、もうここまでで疲労していた僕は、全体の動きを確認しようと輪に入らずに少し引いて、癖のように周りを見渡した。

すると、見つける。輪の外にはサカタが居た。

いつも通りに、いつも会場前のロビーで過ごすときのように、このときもおもむろに隣に座り、声をかける。

「入らんの?」「俺はいい」「そっか」

そのまま僕はサカタの隣に座り、一緒に盛り上がる輪を眺め、時折二人してフルーツバスケットをしている輪に向かって「今の反則ちゃう？」なんてやじを飛ばしながら、盛り上がる輪のなかとはまた別の緩やかな時間を過ごした。

もちろん、スタッフは「(一緒に入らなくて) ええんかな？」ってそわそわ思っていた。決して、輪に入らないサカタを放置していたわけではない。一方で、僕らは「(輪に入らないという) 自己決定を尊重したい」とも思っていた。あわせて、周りのスタッフは、「勝部とサカタやし、あそこはだいじょうぶだろう」「勝部に任せていたらいっか」とも思っていた。そんなさまざまな思いが交錯しながら、僕と彼の場は成立していた。そして、輪の外にいる彼の隣に僕が居ることで、彼は場のなかに居た。

そんな二人の背中を、このイベントでカメラマンを務めたスタッフが写真に収めてくれていた。イベントのふりかえりで、その写真を見たほかのスタッフは、「めっちゃいいやん」とほめてくれ、「こういう関わり方もいいよね」とフィードバックをしてくれた。このとき、「ああ、こういう関わり方でいいんだ」と僕の場での居方が腑に落ちたように思う。それは、僕のなかで「これでいいんだ」という確かな手ごたえにつながっていった。

●最初の1年間の終わり

このハロウィンの頃から、僕のなかでも確実にサカタとの距離の縮まりを感じることができたと思う。結局、あれだけスタッフを困らせていた受験勉強をする時間をコーディネートしたのは僕だったし、いろんな場面でスッと輪から離れる彼と一緒に居たのは僕だった。

そして、初めて僕がＡｔｌａｓに来た日と同じ卒業式と離任式を迎える。この頃僕は、１年前に離任するスタッフが泣いていたのを、ちょっと理解できるようになっていた。１年間多くの時間を使い、最終的に卒論まで書いたこの場を離れることに寂しさを感じながら、「去年のあの人みたいに泣くのかな」なんて思いながら参加した。しかし、ここでちょっとした想定外が起こる。中学校を卒業するこの日の主役であるはずのサカタが、会場に入ることを拒み、ロビーのソファーから動かなくなってしまったのである。スタッフの粘り強い声かけも頑なに拒否をし、結局、会場内で卒業式と離任式をしている間、事業が始まるまでに過ごしたソファーで、今までずっとそうしてきたように僕と二人で過ごすことになった。なんでそうなったのかはもう覚えていないが、ついてあげられるのは勝部だけだろうという雰囲気になったからだろう。何をして過ごしていたのかも覚えていない。僕が唯一参加できた最後の挨拶では、「泣くと思ってきたのにこれじゃ泣けないね」なんて言って笑った。今ではこの話は二人の間での笑いのネタになっている。

●その後の「サカタ」と「僕」

こうやって、僕のユースワーカーとしての最初の、そして原点となる1年は終わった。その後僕は大学院に進学し、Ａｔｌａｓからは2年間離れることになるが、その頃には「僕にもできるんだ」という手ごたえを感じ、「若者支援の現場で働きたい」という思いを抱くようになっていた。結局2年後

Ａｔｌａｓに戻り、今度は事業を運営する立場として、場をつくることになる。サカタも、高校〜専門学校生になってもＡｔｌａｓに休まず通いつづけ、今でも社会人として働きながらスタッフとして通ってくれている。中学校卒業時の卒業式には頑として出なかった彼も、高校卒業時の卒業式は出席して挨拶をしてくれるようになった。今でもスタッフとして「俺はそんな関わってないけどな」と言いながら、場を俯瞰し耳にした話を、けっこう詳しく伝えてくれるようになった。そんな彼の指摘に、僕らはいつも新たな気づきと見立てのヒントをもらっている。

もちろん、サカタも決して順風満帆に進んできたわけではない。後から知った大変な家庭環境、希望する専門学校への進学の断念、進学費用を稼ぐためにギリギリでバイトしていたことなど、あげればきりがない。サカタ自身もこう語っている。「一つ確実に言えるのは、ここに来なかったら今の俺は絶対にない」「絶対にどこかでドロップアウトしてる」と。この言葉だけで、彼が抱えているものの大きさを感じられるように思う。そのような環境のなかでサバイブしている彼に、僕らは決して何かできたわけではない。むしろ、ここまで書いたように、どう関わっていいか悩みながら、悪戦苦闘していたのが実情かもしれない。できたことは、「そばに居たこと」。でも、それが彼をドロップアウトさせずに済んだのであれば、一つの役割なんだろうなと思う。

そして、それは僕が意図してねらったものではなかった。当時、初めて「子どもと関わる」活動に参加し、しかも僕自身が人と関わることや話すことが得意ではないなかで、子どもに関心を向けながら「ただそばに居る」ことが、当時の僕にできる精いっぱいなことだった。でも、そういう関わりが許されて、緩やかに関心をもちあえる〝場〟があることで、その関わりが意味のあるものになった。それが実感できたから、今のユースワーカーとしての僕がいるんだろうと思う。

最後に。僕がボランティアの見学に来る人たちに必ず伝えることがある。

「特別なことはしなくていいです。ただ子どものそばに居るだけでもいいです。子どもがしたいことを一緒にしてください。等身大のあなたを見せてあげてください。そのなかで、生まれる関係性はあるよ」と。

ストーリー❻

「なぁ聞いて!」から始まる日常

●——國府 宙世

京都市内には、13歳から30歳までの若者を対象にした七つの青少年活動センターがある。ここで舞台となるのは、七つのなかでも小さいセンターである。

このセンターでは七つの部屋を貸し出し、部屋利用とプログラムへの参加を含めると1日100~150名程度の若者が利用する(コロナ禍前)。施設の大きさの割には利用が多い。館の運営は、ユースワーカー5名、アルバイト1名でおこなっている。

放課後の時間帯には、近隣の中学生や高校生年代がやってきて、「空いてる部屋ない?」と受付で部屋をとりあう。休みの日には、中学生から大人まで多様な年代が訪れ、施設を利用して自分たちのペースで余暇を過ごす。誰でも無料で使える館内のフリースペースであるロビーには幅広い世代の人たちが集い、若者たちの声、駆け回る足音、それらに対応するユースワーカーの声が呼応し、毎日にぎやかな空間となっている。しばしば「カオス」のような光景にもなる。

このストーリーは、中学生の頃からこのセンターに来ている若者、岡田アキラ君の話である。

●「なぁ聞いて！」

私がこのユースセンターに赴任してすぐ、これまで働いていたセンターでは見たことがない光景を目の当たりにした。「なぁ聞いて！」と言いながらセンターの扉をバーンと開け、受付越しやロビー、時に事務所に入ってきて、もう一度「なぁ聞いて」と、若者がユースワーカーに近況や悩みを話しはじめる。これまでのセンターでも、もちろん悩み相談はあったが、いろいろな若者が毎日のように「なぁ聞いて！」と言って飛び込んでくるのは、このセンターならではだ。

●怒られるか怒られないか、その瀬戸際を試す

アキラは、小学生のときに兄妹と初めてこのセンターを訪れ、中学1年生になってからは頻繁にセンターを利用するようになった。当時も今もこのセンター利用の多くを占めるのは中学生だ。放課後や休日になると区内八つの中学校の生徒がやってきて自由に過ごしている。京都市内にある青少年活動センターでは、ユースワーカーたちがロビーで過ごす若者たちに話しかけ関係を深めるなど、彼らの過ごす場での関わりを大切にしている。私たちはこの関わりをロビーワークと呼んでいる。このセンターでも、ユースワーカーはロビーワークを通し若者と一緒に過ごし、時に行き過ぎだと感じるおこないは叱ることもある。

アキラと彼の仲間もセンターで遊びながら、怒られるか怒られないかの瀬戸際でいろんなことを試

していた。アキラは当時のことを「いちばんいろんなことにむしゃくしゃしてた時期やったし、走り回ったり悪さしたり、なんか暴れてたけど、正直こまかい具体的なことは全然覚えてへんわ」と言う。

●アキラの再訪

中学を卒業し数年後の冬、17歳になったアキラが友だちと一緒に来館した。「たまたまセンターの近くに来たから寄った。職員、俺の知ってる人からだいぶ変わった？」と受付越しにユースワーカーに話しかけた。アキラが知っている職員はほとんどおらず、大半が初対面であったが、彼はとても気さくに話した。アキラが自分はしばらく入院していてセンターに来れなかったと説明したところ、その場にいたユースワーカーたちは、「入院って何があったの、だいじょうぶ？」と心配しはじめた。彼はその反応に驚きつつも笑いながら「ほら、だいじょうぶ。仕事してたとき、脚にばい菌が入ってんけど、もうピンピン！　久々にセンター来たわ」と、さかんに脚を動かしてみせた。

私を含めアキラと初対面のユースワーカーたちは、実は彼にいつ会えるかなと思っていたところで、「会えてうれしい」という気持ちを彼に伝えた。

アキラは「俺、中学生のときから利用してたからな、前の職員に俺のこと聞いてたんや」と話しながら、友だちと一緒に私たち全員にあだ名をつけはじめた。私は「みっちゃん」と名づけられ、その後アキラと私は長い時間、いろんな話をした。

その日から、アキラは友だちと一緒に頻繁に来館するようになり、センターに来たら、まずはユースワーカーと話をし、その後、友だちとロビーで過ごした。時にはセンターを集合場所にし、別の仲間と集まって出かけることもあった。連れてきた仲間がユースワーカーと初対面だったら、そのつど、彼らをユースワーカーに紹介した。しばらくするとアキラは一人でセンターに来るようになった。そして「なぁ聞いて」と家族への不満や恋愛、仕事のやりがい、大変だったことをユースワーカーに話した。また、ネットで調べてもよくわからないが知りたい情報があると、「これってどういうこと?」と聞きにくるようになり、私たちも彼の疑問を調べ、知識を得る機会にもなった。

時間がたつにつれ、アキラは、仲間やユースワーカーと話をするだけでなく、センターが開催するプログラムにも参加するようになり、毎週実施している「カフェ」*は彼らの「たまり場」になった。

＊「カフェ」とは、センター利用対象の13~30歳までの若者が、軽食・お菓子などのメニューを100円で食べることができる、食プログラム。ひとり親家庭や生活保護家庭の人が多く住む地域性や、手づくりご飯を食べたい若者の声を受けて、2014年度から調理室にカフェスペースを設け開催するようになった。この場は、ボランティアで運営に携わる若者とユースワーカーが利用者の若者とゆっくり話をしながら関係を深める場になっている。

●ユースワーカーを「いじる」

アキラは自分や周りの出来事を話すとき、「みっちゃんやったらどう思う?」などとユースワーカーに問いかけることも多かった。そしてやり取りを重ねるなかで、その時々の感情や、さまざまな顔をセンターで見せはじめた。たとえば、中学生の頃からの友人たちと集まると、中学生当時を思い出しているかのように、ちょっとヤンチャな顔を見せる。

「おい、みっちゃん！　中学生のあいつら（ロビーの中学生たちを指さして）机に足乗せてるで！　俺らのときはイチイチ怒ってきたのに今はお前ら怒らへんのか！　不良の俺らやったから言ってきたんか！」アキラは怒鳴り口調で私に言い、周りもアキラに乗っかる。彼らの口調は激しいが、目は少し笑っていて、本気で怒ってはいない。私たちがどんな対応をしてくるか試して楽しんでいた。

アキラたちは、その日の気分とノリで、いろいろとパターンを変え、ちょくちょくユースワーカーにちょっかいをかけた。私たちは、ユーモアのある、または彼らの想定外の「返し」をとっさに考え、対応する術を鍛えられた。「ちょっかいと対応」のやり取りのなかで、彼らが気に入るパターンが生まれると、そのパターンを何度も繰り返し、まるでコントのようなやり取りを私たちも楽しんだ。しかし私たちに余裕がないときは、彼らに率直に状況を伝えた。アキラたちは「今日はムリなんか。そんならしゃあないなぁ」と、すんなり応じた。

●「俺に言うてや」――場を和ませ人をつなぐ

アキラたちのたまり場になっていた「カフェ」は、中高生年代の参加が多く、加えて大学生年代と社会人のボランティアスタッフが運営を担うなど幅広い世代が集う場だった。そのなかで彼は参加者やスタッフ誰にでも、気軽に話しかけることに長けていて、彼のふるまいはそこにいる人たちが交流するキッカケになっていた。「（カフェに）よう来たな。初めてなん？」と初めての参加者に声をかけたり、ボランティアスタッフが緊張している様子を察すると、たわいもない話をして緊張をほぐしていた。そのうち、アキラはカフェ以外のプログラムにも参加するようになり、プログラムの改善点などを率直に私たちに伝えるようになった。また、ユースワーカーが重たい物を移動できずに困っていると「無理しんとき、俺に言うてや」と運んでくれるなど、よく手伝ってくれた。

そしてアキラは、プログラムで出会った若者やロビーで私たちが関わる中高生たちとも話をするようになった。ユースワーカーが席を外していると、いつの間にか若者たちから悩みを聞き出し相談にのっている。一見ヤンチャそうに見える彼に、ほかの若者たちからは声をかけにくいようだが、アキラからは気さくに話しかけていた。自分より年下の人が困っていると守らねばという人情味があり、中高生年代の利用者から人気があった。

●ユースセンターだから喧嘩する

アキラの家族にはさまざまな困難があり、彼、彼の兄と妹が時折センターで喧嘩をすることがあった。喧嘩は些細なことから始まるのだが、アキラは、知的障がいのある兄に自分の思いがなかなか伝わらないもどかしさを抱えていた。また同時に、兄や妹たち、家族に関わることについては、自分が判断しなければいけないという強い責任感を抱いており、そんな思いがパンパンに膨れあがって爆発したときに、喧嘩が勃発するのだった。喧嘩の後、私たちは当事者を呼び出して、喧嘩の原因やそれぞれの思いや話を聞く。そんなある日、アキラは「センターやから喧嘩した。俺らのことを見てくれるユースワーカーがいるから、自分が冷静になれる場所だから喧嘩した」と思いを語った。

彼は自分自身の怒りの感情が頂点に達したとき、それをうまく抑えられず、その場で起こったことを覚えていないという。アキラなりに自分自身の行動をとらえて、抑制しようとしていることを私たちに伝えようとしていた。

その後、家で兄妹と喧嘩をした翌朝に、慌ててセンターに飛び込んできた。「怒りが頂点に達したら、俺ほんまに記憶なくて……。何をするか自分でわからへん」とセンターで震えながら話した。そして感情を抑えられなかったことや、やってしまったことに対して悔いる言葉をずっと発しながら、センターのロビーを歩き回った。

●俺には夢があるねん

初めて会って7か月ほどたったある日、アキラは「なぁ話聞いてや」と私に声をかけてきた。この頃の彼は、自分の恋愛、兄との関係、親族のことなどで悩んでいた。今までになく深刻な空気が漂っているように感じた私は「ちょうど休憩するとこ。休憩がてら近くのコンビニに行くけど一緒に行く?」と聞くと、アキラは「おう行く行く!」と言って歩き出した。そして、センターを出てコンビニに向かう道で「俺な、将来やりたいことあってん。でもそれは、周りの大人に認められなかった。中学校では先生が『岡田の家は大変やから』ってクラス全員の前で言いよって。『岡田の家は貧しいから、親がいないから』まで言いよって、なんなんって思った。学校なんかなんもおもしろくなくて、教師と言いあいするだけ、なんも楽しくなかった」と語った。

アキラが私に中学校の先生の話をするのは初めてだった。そして「家族にも、おっちゃん（叔父）にも認められなくて、お前は働けって言われた。でも自分は、……本当は高校に行きたかった。高校卒業の学歴がほしかった。夢もあって料理人の道かボクシングをやろうと思っていたけど、おっちゃんに反対された。『誰がお前らの家を見るんや、アキラが働くしかないやろ』と言われた。周りの大人は、俺を認めてくれなかった。俺には夢があるねん、今でも料理人の道は諦めてない。いつか自分でお店をもちたい」とため込んでいた思いを一気に吐き出した。

その日から、アキラは叔父のことや、自分の夢である料理人になりたいことについてセンターで話をするようになった。

●ユースセンターは家

自分の夢を語った日以来、アキラは仲間と一緒に料理室を借り、料理を始めた。ユースワーカーたちは、彼の夢を応援し、アキラが調理を始めるとそのつどのぞきに行った。「俺がつくったやつ、食べてみて」と彼は私たちに小皿を渡す。ユースワーカーたちは「次はオムレツをつくるアキラを見たいなぁ」などとリクエストを口々に伝えた。

そんなやりとりが続いたある日、アキラは、仲間やロビーで過ごす中学生たちと、彼らにとってセンターがどんな場所か話していた。その会話のなかでアキラは一言、「俺にとって家や。（そして照れながら）センターまじ神、まじ卍《まんじ》」と口にした。

●アキラとのやり取りをふりかえる

「周りの大人は、俺を認めてくれなかった」とアキラが思いを吐き出したあの日、私は彼に「ユースワーカーは周りの大人とどう違うの？」とたずねた。アキラは「俺に対していっぱい言ってきよった大人とは違う。なんやろ、俺にとっての大人ではなくて一緒に話せる人な感じ」と応えた。この言葉は、ユースワーカーである私たちが、これまでアキラをはじめとした若者たちにどのように関わってきたかをふりかえる機会を与えてくれた。アキラが語る出来事は私たちユースワーカーにとって未経験と言えるものばかりで、その内容の重さに圧倒されることもあった。動揺しながらも、できる限り想像力を働かせ、アキラに寄り添い、彼を受けとめることができるよう耳を傾け、そのために同僚と意見を交わした。また日々率直に感じた思いや感情を丁寧な言葉にして彼に伝えようとした。

センターに来る若者は、彼らを取り巻く世界から自分が認められていないと感じているケースが少なくない。もちろんそんなことを語らない若者もいる。だからこそアキラが私に言った「一緒に話せる人な感じ」で、多くの若者と関係をつくっていけるよう、これからもユースセンターでの場づくりを大事にしたい。

今このときも、アキラ、そして多くの若者たちが自分たちのペースでセンターにやってきては、「なぁ聞いて」と日々の出来事や自分の気持ちをユースワーカーに語りかけている。

ストーリー❼

思いを形にする――「りあらいず」の挑戦

●――大口 智

札幌市内の児童会館は、0歳から18歳が利用対象となっている。

全市的な取り組みとして、18時までの開館時間を延長し中学生・高校生の活動場所を支援する、夜間利用事業も展開している。週2回、中学生は19時まで、高校生は21時まで施設を利用することができ、利用者は自由な活動を楽しんでいる。

職員は、そこでの関わりから青少年世代の社会参画を進める活動を展開している。

●卓球できますか？

最初に山田君たちが来館した動機は、「無料で卓球の練習ができる場所ありますか？」だった。彼らは、通っている高校の近くにできた新しい児童会館に、球技大会の練習目的で仲間たちと遊びにきていた。そんな目的で来館していた彼らに、職員は積極的に関わりを続けていった。そのうち、山田君たちのほうから職員に話しかけてくる機会も増えていった。

「明日、学校行くのめんどくさい〜、行きたくない〜。○○には会いたいけどさ〜」

「○○には会いたいのか～、仲のいい友だちがいていいね」

「今日、授業がつまらなかった」

「そっか～、どんなところがつまらなかったのさ?」

彼らも、そんな会話を楽しんでいるようだった。

そのうち、一人でもふらりと会館に立ち寄り、職員に悩みを打ち明けてくれることも多くなっていった。

●ねぇ、今度手伝ってよ

会館主催の、発表会行事が近づいてきた頃、山田君たちに、「行事、手伝ってくれない?」と声をかけてみた。すると、彼らからは「いつも遊ばせてもらっているから、ぜんぜん手伝うよ」という快い返事が返ってきた。

当日は会場設営の手伝いや、子どもたちのサポートを担当してくれた。活動後には、彼らのほうから「スタッフってけっこうおもしろいんだねー。次に、何か行事があったらまた声かけて～。手伝うよ」と言ってくれた。

この行事をきっかけに、会館でのボランティア活動に参加する機会が増えていった。会館を利用している小学生たちも、山田君たちお兄さんお姉さんと遊ぶことを楽しみにするようになり、高校生が来館すると、「あっ、兄ちゃんだ! 一緒に遊ぼうよ」「ゆめっち遊ぼー」と、小学生のほうからも積極的に声がかかるようになった。

●グループつくってみたいんだけど

何度か会館行事を手伝い、小学生と遊ぶ機会が増えてきた頃、山田君から職員にある相談が寄せられた。

「高校生ボランティアグループみたいなものって、ここでできないの?」「昔、近くの公園にいた遊び活動ボランティアの大学生がおもしろくて、そんな人に自分もなりたいと思っているんだよね」「そんなことができないかなと、ちょっと思ってさ」

「できるよ。以前にも、バスケットボールの大会を企画したり、高校生のイベントを企画したりした人たちもいたから。何かやりたいことあれば、いつでも相談にのるよ」

「そっかぁ。今度みんなと相談してみるかな。でも、今は学校祭の準備とかも忙しいからなぁ」

そんな相談を受けてからしばらくは、彼らがボランティアグループとして活動を始めることはなかった。いつも通り、会館で仲間とのスポーツを楽しんだり、学校で起きたことの愚痴をこぼしにきたりしていた。

そんなあるとき、山田君の後輩いずみんから「高校生だけのキャンプがしたい!」と提案があった。話を聞いた職員は、高校生だけのキャンプ活動を施設として支援するには、目的が必要なことを彼らに伝えた。また、職員側が「このメンバーでなら、問題は起きないだろう」と思えるような、グループへの信頼も必要ということを話した。

何日かして、彼らから返ってきたのは、「館長、俺たちボランティアグループを立ち上げて活動を始めたい」という話であった。

●高校生のキャンプがしたい

彼らにその理由を聞いたところ、「ただの遊びのキャンプは難しいらしい」、それなら、「交流を目的とした高校生のためのキャンプを自分たちで企画する」。しかし、「今はまだ実績がなく信用度が低いから、すぐには実現できない」。

だったら、「前から話には出していて、やってみてもいいよと言われていたボランティアグループを実行に移して実績を積んでいく」。そうすれば、「職員の信頼を得ることができる」。そして、「目的のキャンプが計画できる（かも）」という彼らなりの筋道が立てられていた。

どうしたらキャンプの実施に向けて、会館職員を説得できるか、みんなで話しあって考えた、とのことであった。

いずみんが「やってみたい」と言い出した高校生キャンプの実施に向けて、仲間で話しあっていくなかで、その目的にも変化が生まれていた。

当初の「自分たちだけで楽しみたい」よりも、「他の高校生たちとも一緒に楽しみたい」という思いが強くなっている様子が話のなかに現れていた。

「よし、それならまずは、ボランティアグループからやってみようか」。ボランティアグループ「りあらいず」が立ち上がった。

●realize／実現する、実行する

「りあらいず」というグループ名は、メンバーの一人、兄ちゃんの提案が全員の賛同を得て決まったものだった。初めての会議のなかで、グループの名前を何にしよう？となったとき、兄ちゃんから、「前に英語の授業に出てきた『realize／実現する、実行する』という単語が、自分たちがつくりたいグループの目的にぴったりだったから、ノートにメモしてたんだけどさ、どうだろう」と提案があった。「いいね！」「じゃあ、小学生でも読めるひらがな表記にしようよ」となり、グループの名前が「りあらいず」に決まった。リーダーは山田君、副リーダーは兄ちゃん。「みんなで何かやるんなら手伝うよ」「いずみんが提案したキャンプやってみたいし」「暇があったら、ちょっとなら手を貸すよ」など、いろいろな思いをもってメンバー7人が集まった。

それぞれがもっている熱量に違いはあったが、「高校生のキャンプがしたい」という目標に向けて、りあらいずは活動を始めた。

●ボランティアって意外と楽しいね

彼らの初めての活動は、子どもたちの遠足引率ボランティアだった。活動後、「ボランティアってめ

んどくさそうなイメージだったけど、やってみたら意外と楽しかった」とメンバーの声は弾んでいた。「お兄ちゃん！　お姉ちゃん！　私と遊んでよ」「僕とも遊んでよ！」と引っ張りだこになる経験は、彼らのもっていたボランティア活動のイメージをすっかり変えてしまったようだった。「なんか、子どもたちが喜んでくれるのって、こっちもうれしくなるんだよね」。彼らは毎回、仲間と共に自分たちの活動を楽しそうにふりかえっていた。

会館での活動を重ねていくなかで「児童会館で高校生向けのゲーム大会をやってもいい？　動画のゲーム実況みたいに解説も入れながら」そんな提案が兄ちゃんからあった。

「スマブラ（対戦アクションゲームの「大乱闘スマッシュブラザーズ」）好きなやつ多いからさ、けっこう集まると思うよ」「今度は高校生に向けた企画をやってみたいんだよね」そんなことから、ゲーム関係に強い兄ちゃんを中心に準備が進められていった。

企画当日は、プロジェクターで部屋の壁に画像を映し出し、りあらいずメンバーの実況を交えた、ゲーム大会が繰り広げられていた。

参加した高校生も、児童会館でゲーム大会ができることに驚きながら、とても楽しんだ様子でスマブラ大会は大盛況に終わった。

●「最初の人」の話が聞きたい

活動のふりかえりのなかで、職員から「次はどんなことがしてみたい？」という話題を振ったところ、兄ちゃんから「『最初の人』たちの話が聞いてみたいな」と返事があった。唐突な発言の意味がわからず「『最初の人』って？」と聞き返すと、「前に、児童会館は財団で運営していて、その財団、最初はとても少ない人数で始めたって、館長が言ってたでしょ？ 少ないメンバーで、やりたいことがあって、グループ始めたって、俺たちの活動と似てるかなと思ってさ。その『最初の人』たちは、どんな思いで活動してたのか聞いてみたいんだよね」。

たまたま財団設立メンバーの一人とコネクションがあったため、問い合わせをしてみたところ快諾が得られ、ボランティア講座「思いを形に」の企画が始まった。企画を練っていくなかで、「せっかくだから、これまでの活動でつながりができた、高校生たちのボランティアグループと一緒に活動発表をしようよ」ということになり、準備が進められていった。

●思いを形にする活動

りあらいずと地域の高校ボランティア部、他館の高校生ボランティアグループの3団体の活動発表と、現・さっぽろ青少年女性活動協会の設立メンバーの一人、相馬宏哉氏によるミニ講演会の2部構成で、高校生ボランティア講座「思いを形に」の実施にいたった。

各グループからの活動発表に、「あのグループ、こんな活動をしているのか」「こんな活動、自分たちもやってみたいな」と、いつもはふざけてばかりいるメンバーも、とても真剣に聞いていた。

企画終了後のふりかえりの際に、山田君から「相馬さんの言っていた『誰かの思いを形にすることのお手伝いが私のやりたいことでした』って部分がいいなって思ったな。『思いを形にする活動』って、りあらいずと一緒だよね」という言葉に、うなずくメンバーの姿があった。

また、このイベントは意図していなかった効果も生み出していた。ボランティア講座の企画には相馬氏が講演をするということで、他の児童会館職員(特に役職者)も数多く参加していた。そのため、りあらいずの活動に対しての職員の理解が深まるとともに、「キャンプがやりたいの？　いいね！」という話題が職員のなかで上がるようになっていった。

●さぁ、どんなキャンプをしようか？

「思いを形にする活動」という言葉に刺激を受けたメンバーは、当初から目標にしていた高校生キャンプの実現に向けて力を注いでいった。

だが、活動が本格的になるなかで、これまであまり目立っていなかった、仲間割れなどの困難な場面もあらわになってきた。

「キャンプを実現するには、周りの信頼を得ないと難しいから、活動をもっと真剣にやらないとだめだ」「そんなにガチガチに活動はしたくないなぁ」「俺は自分の参加できる範囲でしか手伝えないけど？」「いやいや、みんなで作業は分担しないと！　だからもっとまじめに手伝ってよ」「あいつの活動中の不真面目な態度がさぁ、許せないんだよ」「俺だけががんばっている気がする」など、思いの食い違いが表出した。

軋轢や衝突が起こると、職員は他の仕事の手を止め、メンバーの話をゆっくり聴いた。相談は2時間近くに及ぶこともあった。

一方的な思い込み、お互いの思いのずれ、さまざまな理由があったが、職員は、彼らの言葉を否定せずに受けとめた。不満を思うがままに吐き出し、職員が少しだけ整理を手伝うことで、彼らは自分たちで答えを見つけ出していった。

「みんなが受験や就職活動で忙しくなるから、6月になる前にやろう」「初めてのキャンプだから、人数は、15人程度がいいんじゃない？」「やっぱり、野外炊事はチャレンジしたいよね」など、自分たちにできることを考えながら、高校生キャンプの企画ができあがった。

●やってよかったね

古い小学校校舎を改築した野外体験活動施設「滝野自然学園」を会場に、参加者、高校生スタッフ、職員合わせて15名ほどでキャンプは開催された。1日目は、ピザ窯を使ったクッキングコンテスト、夜の裏山肝試し、たき火を囲んでゆったりした時間を過ごす、という内容であった。

施設職員からの指導を熱心に聞いて取り組む参加者。自分のやりたいようにかまどに薪をくべ、焼きあがった真っ黒なピザを「おいしいよ！」と言って食べている参加者。引率職員は、よほどの危険がない限りは彼らの行動を見守り、ふだんとは違う顔を見つけ出す関わりを心がけた。

夜、たき火の周りには自然と人が集まり、それぞれの思いを語りあう時間となった。

２日目は、隣接する自然公園で、位置共有アプリを使用した本気の鬼ごっこを開催。公園が広すぎて、アプリを駆使してもなかなかお互いを見つけることができない、といったハプニングもあった。しかしながら、参加者、企画側共にキャンプという非日常の活動を通し、仲間との交流を楽しんでいた。「参加者はそんなに多くなかったけど、めっちゃ楽しかった！」「ほんとにキャンプ、実現できたね」「次もまた何かできるかな」「もうやりきったわ」帰りのバスのなかでは、さまざまな感想が高校生スタッフ、参加者から発せられていた。

準備の段階で衝突していたメンバーから、「いろんなことがあって大変だったけど、参加してくれた人たちも喜んでくれたし、やれてよかったな」と言われたと山田君が帰り際、職員に話してくれた。

高校生のキャンプをやりたいという設立目的を実現した達成感と学校卒業時期が重なり、ここで「りあらいず」としての活動は一区切りを迎えた。

しかし、参加した高校生から「俺も、『りあらいず』みたいなことをやってみたいんだけど、どうしたらできるかな」と後日、職員に相談があり、新しい取り組みが生まれていった。

彼らのしたことは着実に次の「りあらいず」の種をまいていた。

ストーリー❽

「大人は信じない!」からの出発

●――平野和弘

一般社団法人Moonlight Project(以下、ムーンプロ)は埼玉県立浦和商業高等学校定時制課程(以下、浦商定時制)*で取り組んでいた「生徒が主人公」の学校づくりを土台に立ち上げた団体である。

不登校や虐待、いじめ、経済的理由により困難な場所にいる子ども・青年たちの支援に取り組んでいる。この場所にやってくる子どもや青年たちを学びの初心者、共に学ぶ仲間といった意味を込め「ラーナー」と呼んでいる。彼らが集まってくる場所は、「誰も」が気軽に集まれるようにとつくったHIBIKIカフェだ。店長は浦商定時制の卒業生で不登校経験をもつヒロミで、彼女はコーヒー豆焙煎士でもある。カフェにやってくるラーナーたちは、会話を楽しんだりゲームに興じたり本を読んだり食事をしたり、教科書を広げたり、思い思いの時間を過ごしている。

* 浦商定時制については、浦和商業高校定時制四者協議会編(2004)『この学校がオレを、変えた――浦商定時制の学校づくり』ふきのとう書房、平野和弘(2008)『オレたちの学校浦商定時制――居場所から「学び」の場へ』草土文化、を参照。

●ユキとの出会い

当時中学2年生だったユキが、初めてカフェにやってきた日のことは忘れがたい。彼女は、この場所がどんなところか知らず、おいしいランチを食べに行こうと誘われ、母と相談員の二人に連れられてきたのだった。私は「いらっしゃい」と声をかけて近づき、「実はここはね」と話しかけていく。当時も今も、こんなふうに、学校が苦しくなった何人もの小中高生を引き入れていた。ランチを食べ終えて2階にある個室にユキをいざなうと、素直についてきてくれた。私がこの場所の説明をしはじめると、ユキは、うなずくが、うつむき加減で、ほとんど上の空という様子だった。そのとき、太鼓集団響（以下、響）の女性メンバーの一人メグミが、目に涙を浮かべ、部屋に飛び込んできた。

響は浦商定時制の太鼓部を母体としており、ムーンプロに属し、若者支援にも取り組んでいる。メンバーのほとんどが不登校経験をしており、メグミも中学時代、いじめが原因で不登校だった。そんな彼らはプロ宣言をしたばかり、太鼓を叩くことを生業とする覚悟を決め、海外での演奏を視野に、これからの活動の方針づくりをしていた最中だった。メグミはプロについての「思い」の違いを他のメンバーから指摘され、「そんな考えは甘い」と批判される。しかし彼女には、本当のプロになるには、生活を成り立たせる必要もあるとの「思い」があり、うまく伝わらないもどかしさが悲しみに変わっていく。そんな自分にいら立ち、私に訴えにきたのだった。

メグミを部屋の外にいざなう暇もなく、仕方なくユキに、「このまま待っていてくれるか」と聞くと、目を丸くしメグミを見つめながら、うなずいた。しばらくメグミから事情を聞き、彼女の「思い」を言葉に変えていく。徐々に明るさを取り戻しメグミは、会議の部屋へ戻っていった。その間、ユキはしっかりと私たちとのやり取りを聞いていた。そして、様子を一変させ、機関銃のように自らを話し出した。「学校は嫌い」「大人は信用できない」「私はどうしたらいいの」「死にたい」と。ユキは教師や大人に不信感をもち、不登校を続けていた。時には相談室登校をしながら、教室にも顔を出していたが、ユキに心配りができない教師たちに嫌気がさし、相談室にも足が向かなくなり、彼女が住む町の相談員につながったという。

何に苦しんでいるのか、どう対処したらいいのかなど、これからのユキとのつながりのなかで見つけていきたいと思っていたが、それは彼女がこの場所に来なければ始まらない。自ら「来る」と言ってくれないと一歩を踏み出せない。その後ユキは、会議を終えた響メンバーと言葉を交わしながら1階のフロアーに降りてきた。母親から「どうする」と聞かれ、「ここなら通えそう」と答えてくれた。

2014年、まだカフェをオープンし半年もたっていない時期に、ユキが中学生の最初のラーナーとなった。浦商定時制時代、クラスの90%を超える不登校生徒とかかわった経験をもとに、居場所、学びの場として、この場所を立ち上げたが、学校という枠がないなかで、彼女たちをどのように育てていくのか、その模索がユキと共に始まったと言ってもよかった。

●大人は信じない

ユキは当初から、「生」に対して後ろ向きだった。カフェに来て教科書を広げたり、スタッフと談笑するなかで、毎回のように「私は死ぬんだ」と言いつづけている。規則や規律で縛り上げる学校。でも、一度不登校になった自分へは、言葉だけは優しく建前で話しかける教師たち。そのすべてに嫌悪感を抱いていた。それが「学校なんて大嫌い」、「大人は信じない」の訴えとなる。カフェのスタッフはその言葉を受けとめ、「無理しないで」とメッセージを伝えつづけていた。彼女はそんなスタッフの言葉をたくさん受け取りたくて、このカフェに続けて来るようになる。時にはケーキを焼いて持ってきた。この場所を大切にしてくれていると、スタッフで喜んだ。また自宅から20キロ近く離れていたのに、自転車でやってきたこともあった。何かにチャレンジしようとしている姿、でも焦っているようにも見える。その時々、スタッフは彼女を包み込むように、彼女との時間を大切にしていった。ユキが焼いてきたケーキを、常連のお客さんにふるまいながら、ユキのことを紹介し、そのお客さんとユキがつながっていくこともあった。そのたびに、彼女は落ち着きを取り戻していく。

当時ユキは、「社会を敵に回しているような気分だった」という。そんな感情を抱く自分を嫌悪し、私には生きる資格はない、と考えていたようだった。「私って変かしら」とも言っていた。あるとき、私に激しい言葉をぶつけてきた。「学校なんてなくなれ」「私は生きる資格がない」。でも表情は悲しそうだった。「生きる資格がないなんて言わないで」という私たちの願いは、心に届くことはなかった。

あるとき、「その不満を文章にぶつけてみれば」と提案してみた。私の思いつきだった。「文章にしてどうするの？」「文章を整理していくと、自分の想いも整理できる」「そんなのいらない」「でも、その整理した文章を先生に読んでもらったら、どう？」。これには乗ってきた。自分の苦しい思いを先生や学校にぶつける。取り組みは始まった。そして、これまでの学校の対応が、明らかになっていく。はたから見たらたぶん、それぐらいと思われるかもしれない。でも、彼女が怒りをぶつけ文章をつづる姿や、苦しそうな声には、「それぐらい」とは思えない厳しい悲しさや、寂しさがあった。私は息をひそめて彼女のそばにいた。

●私の思いを届ける

学校で相談室登校だったユキは、その1日をどう過ごしたかを記録し、職員室の担任に持っていかなければならなかった。彼女は「教室に入れないのに職員室なんて無理です」と異議申し立てをしたのだという。担任はそのときは「いいよ」と応じるが、数日たつと「職員室で待っているから」と対応が変わっていく。ユキはどうしていいかわからなくなり、混乱する。この戸惑いをどこにぶつけたらいいのか、担任か、こんな規則を決めた誰かか、それとも持っていけない自分が悪いのかと悩み、それはいらだちに変化していった。彼女が傷つけられていることも知らず、担任は「持ってこなければ、相談室にいる意味がない」と言ったそうだ。

彼女と文章をつづる作業は、そんな理不尽な教師や学校を思い出し、いらだち、怒る、ことの繰り返しだった。そして文章化するなかで、冷静になっていく。時に彼女は「笑っちゃうね」と、シニカルに過去をふりかえり、この作業に取り組んでいった。カフェのスタッフにも学校への思いを語り、

「よくがんばっているよ」との声を受け取り、元気を出しているようだった。彼女の苦しく悲しい文章を、一緒に推敲するなかで、ユキの問題は、私たちの問題となっていく。しかし、時には、私が訂正する言葉に不満を抱くこともあった。

「違うの！」修学旅行の案内文が、自分に届けられなかったことをつづっているときだった。「担任として許されない、教師失格だ」、とのユキの訴えに、私は、「だってユキは、すでに修学旅行には参加しないって言ってたんでしょ」と、切り返し、「教師失格ではなくて配慮が足りない」と、言葉を変えようと提案した。そのときだった。思いがけない激しさで詰め寄ってくる。「行かないって言ったからって本当に行きたくなかったわけじゃない」「どうして、そこのところがわからないの」。この言葉は担任に向けられていたのか、それとも私へ向けた言葉だったのだろうか。でもあのときわかったのは、私はやはりまだ何もわかっていないということだった。

ユキは学校を憎んでいるのだが、学校に対して捨てられない思いもある。そのことを不登校経験のあるスタッフに語ると、「当たり前じゃない」との答えが返ってきた。嫌いになれない学校だからこその苦しさ、それをわからない大人たちへの憤りを、わからなければ何も変わりはしない。あらためて、この教師がどれだけユキを傷つけていたのかを「わかる」ことになり、素直に謝った。「ごめん。案内文を渡さないなんて、教師失格だよね」。そんなふうにして、彼女と言葉を紡ぐ作業は続いていった。そして、ユキの心を傷つけた事実をつづっていた文章は、学校に対して、「なぜそんな対応になったのですか」「この事実をどう受けとめ、今後どうしますか」という質問や、要望書という形になっていった。

母親に、申し入れをしてもらい、ユキの要求書は学校に届けられ、担任はじめ、学年主任、生徒指導担当、そして校長が読むことになった。数日後、ユキはその回答を聞きたいと、学校に向かった。そしてそのままカフェにやってきた。「きれいごといっぱい聞かされた」と言いながらも、ユキはどこか吹っ切れた様子だった。何かが変わったわけではなかった。でも、ユキは落ち着いていった。「すぐに死にたい」とは言わなくなり、「二十歳《ハタチ》になったら死ぬんだ」と、死ぬ時期を後ろに遅らせることになった。

自分たちで取り組む企画

カフェになじんできたユキが、「このカフェはラーナーがつくる行事を大切にしているんだね」と確認しながら、「流しそうめん大会をしたい」と提案してきた。実行委員会がつくられ、「流しそうめん大会」に向けての取り組みが始まった。このとき、彼女を支えたのはヒロミ店長だった。こんなやり取りがあったそうだ。「なんで、自分たちで企画するの？」「だって自分たちで好きなようにできたら楽しいじゃない」。この言葉に目を輝かせ、ユキは言った。「だからみんなでぶつかりあっているんだね」。ここは「ラーナーが主人公」だとの私たちの思いを、本気で受けとめてくれた瞬間だったと思う。

当時、カフェにはユキと同じ年代の中学生が多くいて、特に男子の数名が協力的で、毎週開催した実行委員会に集まってきた。彼女はいきいきと企画づくりに奮闘する。これまでのスタッフが準備した企画を手伝っていた形から、ラーナーが自ら企画し取り組んでいく――この形は、ユキが初めてだった。ユキの企画力は抜群で、他者を巻き込もうとあえてしなかったのに、その企画のおもしろさ、楽しさに、参加するラーナーたちが増えていった。「流しそうめんだけじゃつまらない」と、宿泊もして、夜遅くまで起きていて、花火大会やバーベキュー、そして肝試しもやるという、初めて取り組む行事にしては何とも大きな企画をぶち上げて、ラーナーたちを引っ張っていった。開催場所は響の稽古場で、響メンバーも巻き込み、60名を超える子どもと大人を集め、大成功で「流しそうめん大会」を終えた。

ふりかえりの会議で、ユキは「楽しかった」と、とびっきりの笑顔を見せ、実行委員のラーナーたちの中心に座っていた。そしてこの企画は、ムーンプロの定番になっていく。その後彼女は、ハロウィンパーティ、クリスマス会などを企画し実行していく。

カフェを居場所にしていくなかで、学校を意識しなくなってきたのか、ユキもいらだつことはほぼなくなり、ゆったりと構えるようになる。それでも高校進学を意識する時期が近づくと「二十歳になったら死ぬんだ」、を繰り返し訴えるようになる。彼女の質問・要望書を受け取った学校は、その後ユキに対して腫れ物を扱うような態度をとる。ユキは苦しんでいた。彼女の願いはただ「ふつうに丁寧に寄り添ってもらいたい」だけなのに、それがわからない学校を諦めてもいた。

死ぬ時期を二十歳にずらした彼女は、高校に進学してみたいと言うようになっていた。カフェでは、多くのスタッフや大人が彼女の進路を一緒に考えることになった。当初、単位制総合学科をもつ高校に的を絞り学校見学をしていた。彼女の地元にある学校で、「不登校大歓迎」と銘打ちつくられたものだった。だからユキは楽しみにして学校説明会に行ってみたが、感想は「結局ふつうの高校だった」であり、彼女が選択したのは通信制高校だった。

●ユキが開いていく世界

ユキは、中学の卒業式には出席せず、カフェがラーナーたちと準備した「卒業式」にはかま姿で出席した。彼女の後輩たちが企画し実現した「第1回卒業式」だった。この手づくりの卒業式も、ムーンプロの定番行事になっていく。

高校進学後ユキは、週1回のスクーリングの日にカフェに通ってきた。学校の課題に取り組んだり、時にはカフェを手伝ったりしながら、過ごしていた。私も含めスタッフに、高校での出来事や悩みを語っていく。そんななかで、先に登場したメグミが属する響ともつながっていく。太鼓教室でメグミに太鼓を習い、「身体が気持ちいいって言っている」と、メグミが喜ぶ感想を述べ、時には響の稽古場に泊まり込むこともあった。食事を共にし、徐々に響の活動に参加するようになっていった。響の公演のスタッフとして太鼓や機材を運び、舞台裏を支えるなかで、同じ不登校を経験し、でも今を生きるちょっと先を行く、大人たちに関心をもつようになっていく。ある公演の打ち上げのときだった。「メグミさんがいじめで学校に行けなかったのと私が行けなかったのは違うのかな」と誰に話しかけるでもなく、独り言のような言葉をつぶやいた。メグミが「同じだよ。でも、ユキのほうがエラかったよね。だって自分の思いを学校に伝えたんだから」と返すと、ユキは、「でも言いたいことをきちんと伝えるのは難しいよね」と答え、その後黙り込んだ。

彼女はアニメが好きで、カフェでもよくその話をしてくれていた。そのアニメの影響でロシアに興味をもち、ロシア語を学びたいのだという。するとカフェのお客さんのつながりで、「ロシア東欧」研究をしている大学の教員を紹介してもらうことになった。研究室にお邪魔し、つながりは太くなり、ユキはこの大学に進みたいと考え、受験勉強に向かうようになり、見事合格して大学生となった。「どの学生よりもよく勉強している」との担当教員の言葉通り、成績優秀者として表彰と報奨金をもらうまでになった。今は結婚式のプランナーになるのだと、就活の日々を送っている。

あるとき、「ユキ、もう二十歳過ぎたね」と、冗談交じりで彼女に話しかけた。「なんで」「だって死ぬって、言ってたじゃない」。そしたら彼女は「そんなこと言ったっけ?」と、とぼけて見せた。

ストーリー⑨

「あなたのせいではない」と伝えたい

●——中塚 史行

東京・品川を拠点として活動する教育サポートセンターNIREは、発達障害など学習に困難を抱えている子どもたちの個別学習サポートと、学校や仕事から離れている子ども・若者たちの居場所づくり（フリースペース）を運営している。

学習サポートもフリースペースも雑居ビルの一角にあり、せまくゴチャゴチャした小さな活動部屋に、毎日20人くらいの子ども・若者たちが出入りしている。スタッフは約10名（現在フリースペースは、行政の委託事業となり、住宅をリフォームした場に移転した）。

ここで描くみゆきとの関わりは、以下のストーリーの「その後」にあたる。

中塚史行（2019）「子ども・若者の『日常』とつながり、その一部になる」平塚眞樹編・若者支援とユースワーク研究会著『若者支援の場をつくる』1、Kindle版。

●みゆきとの出会い

みゆきと私が最初に出会ったのは、彼女が小学校6年生のときだ。

母親に連れられてきたみゆきは、不満そうな態度で終始イライラし、下を向いて目も合わさず、口もきいてくれない。母親が「勉強しないで、遊んでばかりで困っている」と話し、みゆきのイライラが爆発して親子喧嘩になりかけたとき、とっさに「ＮＩＲＥにランドセルを置いて、遊びに行っていいよ」と私が提案したことがきっかけでつながりができた。

早く友だちと遊びに行きたいみゆきは、自宅に帰らず、放課後ＮＩＲＥにランドセルを置きにくるようになった（自宅と学校の中間地点にＮＩＲＥはあった）。パーッと飛び出していこうとするみゆきを、私はあわてて呼び止め、おやつを渡したり、遅くにランドセルを取りに帰ってきたときは、みゆきを自宅まで送ったりした。

●「ここの大人は、ちょっと違うかも？」

私は少しずつみゆきとの時間をつくり、信頼関係をつくっていった。

中学校に上がることをきっかけに、私はみゆきを、ＮＩＲＥと同じ場所で活動している学習センター「エルムアカデミー」（以下、エルム）につなげようと考えた。

みゆきは母親の勧めで進学塾に通っていたが、塾はサボりがちで、そのことをめぐって母親と激しい喧嘩をすることも少なくなかった。ＮＩＲＥに顔を出すようになってから、みゆきはエルムのスタッフとも顔なじみになってきたので、母親の勉強に対する心配をやわらげたい思いがあった。

それ以上に、私が心配していたのが、みゆきの「友だち」との関係だ。

みゆきは、面と向かっているときは、あまり話さないのだが、歩きながらだと、驚くほどおしゃべりになる。そこでは、学校でのこと、友だちのこと、家庭のことなど、たくさん話してくれた。

そういうおしゃべりから、みゆきの「友だち」というのは、とても特殊な関係性をもつ存在であるとわかった。ちょうど、みゆきが思春期まっただなかだったこともあるが、みゆきにとって「友だち」は、いじめや差別がはびこる関係性のなかで、「どう生き延びるか」に直結する問題になっていた。

「まずね、クラスのなかで、誰がいちばん影響力をもっているか見極めて、その子に気に入られることが大切。その子に嫌われると差別されていじめられるから、あれこれ気を使って、その子に一目おかれる存在になる必要があるの。その子の好きなものと、同じものを好きになるようにする。その子と同じものを持つ。その子の好きなものをあげる。

そうやって気に入られると、先生も何も言ってこなくなる。周りからも差別されたり、いじめられたりしない」

みゆきは経済的にも非常に厳しい家庭だったため、みゆきの「友だち」が持っている流行りの持ち物や服など、同じものを買うことはとても難しく、どうしてもほしいものがあると、おこづかいをめぐって母親と衝突することがしばしばあった。その理由が、みゆきが周囲の人間関係のなかで生き抜くための「生存戦略」であったことは大きな驚きだった。

放課後ずっと一緒に遊んでいる「友だち」との関係性を聞くにつれて、みゆきが「友だち」から排除されないように気を使い、仲間はずれにされないようにビクビクしながら過ごしている様子が私には見えてきた。

私はみゆきに、いじめや差別に怯えながら気を使う人間関係ではなく、彼女が自由に自然体で人と関わり、ぶつかったり、葛藤したりしながら、豊かな仲間関係をつくってほしいと願っていた。ただ、NIREの学習サポートは個別指導しかなかったため、私はエルムアカデミーにつなぐことを考えた。エルムは、受験勉強をあおるのではなく、楽しく学ぶことと仲間づくりを大切にしているので、みゆきのもう一つの居場所となり、新しい人間関係をつくる格好の場に思えたからだ。そして、エルムにつなげた後も、私はみゆきを支えるスタッフとして、家族や学校、関係者との調整役をおこなうことにした（エルムアカデミーの教育実践については、ストーリー12を参照）。

●エルムがみゆきの「家族」になる

エルムへの移行はスムーズかと思いきや、大人の思惑に対して、みゆきは警戒心マックス。

「塾？　無理、無理、無理。私、勉強は小学校3年生で止まっているし、人見知りだし。前にもママに無理やり塾に通わされて、もうウンザリだと思ってる」

警戒しているみゆきをよそに、母親が乗り気になったことは幸いだった。勉強や高校進学へ向けての焦りもあるが、母親にとっては難しい時期にある娘と距離がおけるメリットも感じていたのかもしれない。みゆきも「家にいる時間が少なくてすむなら」という消極的な理由で、エルムに通うことをしぶしぶ了解した。

エルムの教室に入ったみゆきは、最初とても緊張していた。スタッフとも口をきかず、だまって下を向いていたが、そんなみゆきに対してスタッフはあたたかく見守り、クラスの子どもたちはやさしく声をかけてくれた。

みゆきとエルムの仲間たちとの信頼関係が大きく進んだのは、エルム恒例の「夏の合宿」だ。スタッフと中学生・高校生が、約1週間という長い時間を共に過ごす夏の合宿は、いちばんエルムらしいイベントとして取り組まれている。学習塾の合宿というイメージとはほど遠く、子どもたち自身で自治的に生活をつくり、「なぜ学ぶのか」という各教科の学びの時間に加え、スポーツ大会や演劇発表会など、文化的な活動も活発だ。

みゆきはエルムの夏の合宿で、同年齢の仲間との関係を深めただけでなく、年上の先輩たちから大きな影響を受けた。夏の合宿では中学3年生たちがリーダーとなるが、彼らの活躍ぶりを目の当たりにして「私も中3になったら、あんなふうになりたい！」とあこがれの存在になった。

運動は苦手なみゆきだったが、スポーツ大会ではあこがれていたダンスにハマり、誰よりも張り切って練習をした（そして、いっぱいほめられた！）。演劇発表会では本番直前に緊張のあまり熱でダウンするハプニングもあったが、圧倒的な演技力を見せつけられた高校生の演劇に涙を流しながら感動し、「私も、あんな高校生になりたい！」と熱く語る姿が印象的だった。

みゆきにとって、エルムで出会い、広がった仲間たちは、みゆきがこれまで関わってきた「友だち」とは明らかに異なる関係性があった。そして、みゆきは、自分を偽ることなく、仲間のなかでも自然体でいられるようになっていた。みゆきが書いた作文には、エルムと仲間たちについてこうつづられている。

何気ないことも簡単に話せて、大切なことなどを話すときには、思ったこと全部、本音で話し合えるクラスにしたい。本音で話せたとき、想像できないくらいうれしくなったし、ほんとの友だちって思えた。

エルムだけの関係で終わるのはイヤです。エルムがない日も遊んだり、高校生になっても、それから先も、ずーっと続く関係になりたい。

すっかり「エルムっ子」となったみゆきは、エルムに入り浸る毎日となり、「エルムを1日も休まない」ことを目標にし、そのことを自慢に周囲に語っていた。

エルムでのびのびと育っていく一方、みゆきは通っている中学校にだんだんと行き渋るようになり、あるときから「不登校」になった。勉強や人間関係など、いろいろと思い当たることはあったが、みゆきはその理由をあまり語ろうとしなかった。

「不登校」になったみゆきに対して、母親や学校はとても心配した。「エルムのせいでみゆきが不登校になった」と指摘されたこともあり、「エルムに通いつづけたいのであれば、学校にも行くように」と指導されたこともあった。

私はあくまでみゆきの思いやペースを尊重し、多少遠回りになったとしても、みゆきが居心地よく感じられる環境と仲間が大切だと考えていた。みゆきは、学校からは離れていったが、エルムは休まずに通いつづけた。エルムには、同じ学校の子もいて、「どうして学校に来ないの？」「先生が学校に来いって言っていたよ」と話していたときは、私は内心ヒヤヒヤしたが、みゆきは「ムカつくけど、気にしない」とエルムに通いつづけた。

母親が体調不良になり、1週間ほど遠方の親戚に預かってもらうことになったとき、「エルムを休みたくない」と言い張るみゆきと母親で大きくもめたことがあった。どうにかオンライン授業を提案してみゆきを納得させたが、みゆきにとってエルムの存在は大切な生活の一部になっていた。

その当時、みゆきの口癖は「エルムは私の家族」だったが、エルムではイライラを爆発させたり、急にふさぎ込んだり、バカ騒ぎをしたり、なかなか帰ろうとしなかったりと、スタッフや周囲を困らせることも少なくなかった。

●みゆきが語った、家族のこと、将来のこと

「あのね、この前○○（エルムで仲良くなった子）の家に泊まりにいって、そこで考えちゃった……」

エルムでの授業が終わり、ひさしぶりに一緒に歩いて帰る道すがら、みゆきはいつになく真剣な様子で語りはじめた。私は、「大切な話かも」と思い、その夜は少しゆっくり歩きながら、みゆきの語りに耳をかたむけた。

その子の家に着くと、友だちのお母さんが「おかえり」と言ってくれた。
友だちと夜更かしして、翌朝ベッドでウダウダしていると、
「朝ごはんよ」と、お母さんがやさしく起こしてくれた。
それで、テーブルに着くと「おはよう」と言ってくれた。
席に着くと、お母さんが朝ごはんを出してくれた。
食べ終わると、お母さんがお皿を下げてくれた。
洗い物も、かたづけも、ぜんぶお母さんがやっていた。
そして、「遊んできなさい」と送り出してくれた。
私の「お母さん」とはぜんぜん違う。
こんなの見たこともなかったし、そういうものだと知らなかった。
もし、私が母親になったら、私の「お母さん」みたいになってしまうのではないか。
そう思うと、とても怖くなった。
私の「お母さん」は、「おかえり」を言ってくれない。
食事もつくってくれないし、かたづけもしない。
それは子どものやることだと思っていた。
自分の子どもに、そういうことをさせたくない。

みゆきはそう静かに話してくれて、そして静かに泣いた。私はどう返事をしたらよいのかわからず、言葉を失ったまま、みゆきと一緒にトボトボと歩きつづけるしかなかった。

●世界が広がることと、そこから見える「自分」のみじめさ

ＮＩＲＥやエルムと出会い、みゆきは安心できる人間関係につながり、そこを足がかりに世界を広げていった。自由でのびのびとした環境で、いろいろな問題や葛藤を抱えつつも、前向きに希望をもてるようになった。

一方で、みゆきは、新しく広がった世界との接点から、自分のおかれている厳しい家庭環境や社会的格差も見えるようになってきた。自分の生い立ち、育ってきた環境など、ほかの子と比べ、その違いに矛盾や憤りを感じるようになった。

みゆきが居心地いいと感じる「世界」から自分を眺めると、そこには目を背けたい、みじめな「自分」を発見する。その「発見」は、とても深くみゆき自身を傷つける。

でも、私は「それは、あなたのせいではない」と伝えたい。そして、みゆきが自然体でいられ、安心して自由に暮らせる、そんな地域やネットワークを、この場からつくっていきたい。

2

若者が語るユースワーク

ストーリー⑩

「どこ行く?」「とりあえず、やませい!」

——横江 美佐子

このストーリーの舞台は、本書のストーリー6と同じく、京都市内にある青少年活動センターである。ここでは、子どもから大人へと育つ途上にある、ごく〝ふつう〟の中高生年代の若者にとって、ユースワークの場はどういう存在なのかを、彼らへのインタビューをもとにして描いていきたい。

●とりあえず、やませい行こか〜

佐藤君は、中学、高校とテニス部に所属していた。中2のある日、部活動が終わった後に「もう一プレイしよう」と、友だちに連れてこられたのが、やませいだった。無料で使用できるナイター設備付きのテニスコートをもつ施設は、彼らにとって魅力的だった。はじめは週1回程度だったが、中学3年生で部活を引退するとやませいで過ごす時間が増え、高校進学後も、部活の後「もう一プレイ」し、そして友だちと一緒にテスト勉強をする場にもなった。

中学生の頃は、まず誰かの家の前で集合し、「どこ行こう?」「とりあえず、やませい行こか〜」のノリでやってきた。自分たちの家やカラオケなどで過ごすこともあったが、いちばん多くの時間をやませいで過ごしていた。外で過ごすとお金がかかることもあるが、自分たちの家で遊ばなかったのは、「騒ぐし」「了解もありますし（親の了解がいる）」が理由だった。

やませいでは、テニスコート以外の施設もフル活用した。施設は事前予約ができるが、たいてい当日行っても、どこかの部屋はあいている。部屋を利用する際は「使用申請書」を記入する必要があるが、佐藤君は特に苦に感じなかった。ユースワーカーは、申請書を受け付けながら、近況をたずねる関わりもしており、むしろ、彼にとってつながりをつくる時間でもあったのだ。

時には一人でやませいに来ることもあったが、来てみると誰かが「たまたま」いて「あそぼ」となり、時に友だちが連れてきていた初めて出会う子たちと一緒になって遊ぶこともあった。

●「やってしもたなぁ」という出来事

やませいでは、会議室や和室を借りて自由に過ごすことが多かったが、時には料理室で道中つんできた雑草を調理したり、卵に青の着色料を入れて青色の卵焼きをつくるなど、友だちと思いついたことを試すことができた。そして、彼らの遊びは時に事件にも発展した。佐藤君には、記憶に残るストーリーがいくつもある。

いちばん「やってしもたなぁ」と思う出来事は、会議室のガラスを割ってしまったことだ。ある日、やませいの会議室で佐藤君を含む数人が、キャスターのある長机の上に寝転び、それをサーフィンのようにして遊んでいたら、勢いがついて、机が窓につっこんでしまったのだ。ガラスには大きなひびが入った。佐藤君は、最初何が起きたのかわからなかったが、割れたガラスを目にして、「これ、ばれたらヤバイよ」と焦ったという。ガラスの破損を報告したとき、職員は、「あぁ〜」「あぁ〜」「あぁ〜」と、言葉を失っていた。この顛末は、「遊び方を考えろ」と注意を受け、子どもだけでは解決できないことなので、センターと保護者の間でのやり取りになった。

もう一つの「事件」。当時、夏になると中学生の間では水風船を投げあう遊びが流行っていた。佐藤君と友だちも水風船遊びをしようということになったが、その会場は、やませいの和室だった。はじめは水風船が割れないぐらいで投げあっていたが、だんだん楽しくなり、本気モードになって最後は畳がびしょびしょに。佐藤君は、ガラスを割ったことは隠せないが、部屋を濡らしたことは「もみ消せるかなー」と、備え付けの座布団でふいて、そのまま帰った。ところが後日ユースワーカーから、「和室、びちょびちょになってんけど、知らん？」と聞かれたのである。佐藤君はとっさに「知らない」と答えた。後日、彼らの後に和室を使った子たちが、濡れ衣を着せられて叱られていたことを佐藤君はユースワーカーから伝えられることになる。

●若者と大人が「しょーもないことが話せる関係」

佐藤君の記憶に残る場面にはユースワーカーが頻繁に登場する。悪ふざけが過ぎた彼らを叱ったり、隠し通せるはずのないウソを揺さぶったり、取り返しのつかない事態を収めてくれる人たちとしてである。彼は「仲の悪い人は、いーひんかった」とユースワーカーとの関係を表現している。彼らが遊んでいるところにユースワーカーがやってきて、一緒に遊ぶこともあった。

佐藤君の目には、ユースワーカーは、利用者との間に少なからず線を引きながらも、そこを越えず、近すぎず、遠すぎない距離をとっていたように映っていた。そしてその存在は、絡みやすく、まるで近所の人のようであり、親戚のおっちゃんくらい近いものだった。センターの外でばったり会うと、互いに「どこ行くの？」としゃべるぐらい身近だったという。

では、友人の上田君にはユースワーカーはどう映っていただろうか。

上田君は卓球部に所属しており、練習のため一人でやませいを利用することも多かった。卓球経験者のユースワーカーと卓球をしながら、親の愚痴やその時々に抱えていたことの相談もした。高校卒業後は「浪人」したが、その間もやませいに足を運んでいた。ユースワーカーからの声かけもあり、浪人生なりの相談をする機会もあった。上田君は、ユースワーカーと若者の関係を次のように話している。

「中高生とすごいフランクな関係でしゃべれる大人たちがいるっていう環境は、大事なんじゃないかなぁ」。親や学校の先生といった人たちと違い、「どこにも属していない大人と気軽にしゃべれるというのは、ほかにないところ」だという。彼自身、職員に敬語を使うわけでもなく、「ワーカー、ワーカー」と言いながら、たわいもないないやりとりをしていた。

上田君は、やませいが「大人と子どもの距離感がすごい近い場」でありつづけてほしいと思っている。若者がそこに足を運ぶきっかけが「卓球をしたい」だったとしてもいい。若者と大人がしょうもないことを話せる関係性があることで、彼らが何か煮つまったり、思いつめたりしたときに、話せる大人に出会えるからだという。

●ルールをギリギリまで攻める

やませいの周囲にはグランドをもつ公園がいくつかあり、そこでも放課後になると、多くの中高生がたむろしている。彼らは公園ではなく、なぜ、やませいに足を運んでいたのだろうか。

二人は公園とやませいを比較して、やませいは「ガスが抜ける」「騒げて怒られない場所」と表現した。やませいは、人（ユースワーカー）が見ているから、ルールを守らないといけない部分がある場所だとも語った。利用時、ユースワーカーから「これはしたらあかん」「これはしていい」と言われることが多くあることから、やませいでは、自然とルールにそって動いていたのではないかという。一方で、公園には「規則」がなく、さまざまなアクシデントが起こりうる。

しかしこの語りには、矛盾する点もある。一つは、ワーカーから指示をされたルールのなかで動いていたという点である。二つ目は、騒いでも怒られない場所ととらえていることである。彼らは、悪ふざけをしてユースワーカーから怒られたことを、「まさかそこまで、怒られるとは」と今も納得していない経験もある。でも、公園で同じような悪ふざけをしても、誰かから怒られることはなかっただろう。彼らにとってはむしろ、やませいは（ユースワーカーに）怒られるかもしれない場だったのではないか。ルールも、そのなかで変化するものではなかったのではないか。

もう少し聞いてみよう。

二人は、やませいのルールについて、「だいぶ、ギリギリまで攻めたけどな」と、境界線を破る直前まで迫ることのできるものだったと話している。ここまでやってもいい、これ以上やったら怒られる、あれ、だいじょうぶだと思っていたのに、怒られた。一見、「狐とたぬきの化かしあい」のような駆け引きが繰り返される。それは、この場のルールが可変性のあるもので、若者とその場に居合わせた人たちが構成し、更新していくものであることを表すと同時に、そのことを中高生たちが感じ取っていたことも物語っている。

●自分たちの自由を存分に試す

最後にもう一つ、彼らの話を紹介する。

やませいには体育館があり、その屋根には当然登ってはいけないのだが、佐藤君は中高生の頃、その屋根に登っていた。「登ってはいけない」との注意書きがあったわけではないという。「登ったらアカンけど、登ろうと思ったら登れるところ」に入り込んでいたのだと。

ただ、「徐々に（対応が）強化されたたな。途中からホンマに入れへんくなった」。つまり、こういうことだ。職員はまず、入れないようにネットをつけ、その次には柵をつけ、そして南京錠の鍵をつけ、最後は、入口に突起物をつけたという。「登ったらあかんよ」と声をかけられていたかもしれないが、記憶ははっきりしない。ただ、「危ないからやめなさい」と強く注意されることや、「禁止」という張り紙が貼られることはなかったと記憶している。

中学・高校と、毎日のように放課後に足を運んでいた「やませい」は、彼らにとって、ユースワーカーたちと「化かしあい」をしながら、自分たちの自由を存分に試すことができる場であった。

それはまた、「とりあえず、やませい！」とのかけ声とともに仲間たちと自転車を漕ぎながらめざした場所であり、時に一人で過ごすこともできた。彼らにとって、約束の必要がなくふらりと寄れる、特別でもなんでもなく、当たり前にある日常生活の一部だった。

ストーリー⑪

自分の気持ちがいちばん大事

●――福井 宏充

札幌市では、若者の社会参加活動・交流の拠点として、札幌市若者支援施設「Youth+（ユースプラス）」を市内5か所に開設している。若者の生活にプラスになるイベントや街づくり活動などを通して、若者の仲間づくりや交流を促進するとともに、社会活動への参加を支援し、若者と地域を結ぶ拠点となっている。また、若者団体の登録制度を設け、情報提供や団体活動の相談にも応じている。

このストーリーで紹介する若者が利用した、札幌市若者支援総合センターでは、ひきこもり等の対人関係や、進路・仕事のことなど、さまざまな悩みを抱える若者および家族の相談にも応じている。専門の職員が、コミュニケーションの機会をつくり、自立に向けたプログラムを運営するとともに、就労支援や保健福祉の機関等に関する紹介もおこなう。

●声をかけてもらえていたら

まみがユースセンター（Youth+センター）に来ることになったのは、ユースセンターに設けられた相談室でおこなっているプログラムに、妹が通っていたことがきっかけだった。「まみが居てくれたら、もうちょっとほかの人と話せるかも」と妹に言われ、「私が居て、妹がみんなと話ができるのなら行ってみようかな」という気持ちからやってきた。

当時、中学3年生だったまみは、学校にまったく行っていなかったため、センターでプログラムを担当していたスタッフが、中学校と連携をして、妹と同じプログラムに参加するようになった。

まみは、中学1年生の夏の終わりに学校でいじめにあい、学校に行けなくなった。その前に小学校の頃にも、ドラマにはまってしばらく学校に行かないときもあった。

ユースセンターに来る前は、全然外に出ず、夜ご飯を買いに行くくらいで、それ以外は人と関わることもなかった。昼夜も逆転していて、寝ることもあまりなく、朝ちょっと寝るくらいでずっと起きていて、日の光も浴びずに部屋にこもって、ほかの人とも親ともしゃべらなかった。学校に行かないことは自分のなかでは大きなことだったが、親からは特に「行きなさい」と言われなかった。そのため、親にとっては「軽い」ことなんだなと感じ、なんとなく許可された気持ちにもなっていた。まみの育った家庭は少し複雑で、親はまみたち子どもにあまり関心を寄せていなかった。

また、中学校には個別教室があったが、そのことを学校から聞いたこともなかった。まみは学校が嫌いだったわけではない。「担任の先生が誘ってくれていたら（個別学級に）行っていたかもしれない」と話す。中学1年生のはじめは、担任の先生が家によく様子を見にきてくれていたが、2年生になるとまったく来ることはなくなった。3年生になっても来ることはなく、「何も言われないんだな」と思った。自分ではこのままで「だいじょうぶなのかって気持ち」を抱いていたが、学校に誘ってくれる人はいなかった。

親であれ先生であれ、もう少し積極的に声をかけてもらえていたら、行こうかなという気持ちになっていたかもしれない。「自分のための場所があったら行っていた」と思う。

●話しかけてくれる、誘ってくれる

ユースセンターに来て最初の頃は、周囲と話せず、ずっと妹とばかり話していた。しかし、プログラムのなかでほかの参加者と一緒にゲームなどをしていくうちに、「みんな話しかけてくれるし、優しいな。これなら通いつづけていけるかも」と思うようになった。そして、徐々に周りの人たちに打ち解けていった。

スタッフからの誘いを受けて、ユースセンターがおこなうイベントにも少しずつ参加するようになった。ユースセンターでは季節ごとのイベントや食のイベントを多く開催しており、クリスマスやハロウィンなど、手づくりの料理を出すことも多い。まみは、もともと料理をすることが好きだった。自分がつくった料理をみんなが食べてくれ、美味しいと言われることに「感動というか感激」し、「これも経験になる」と、徐々にさまざまなイベントに自分から参加するようになっていった。

同じくスタッフに誘われる形で、ユースセンターのお祭り実行委員も引き受けた。1年目はスタッフやプログラムの参加者と一緒に一つのブースを担当しただけだったが、2年目からは自分から手をあげて実行委員になった。そして、3年目はイベントの司会を務める。「やってみたらすごく楽しかった」。そこで翌年も「またやろうかな」という気持ちになり、続けてきた。今では「私にできることがあればやりたい」と思っている。

●今度は自分が何かを返したい

ほかにも、うれしいことがあった。町内会のお祭りに関わるようになったことだ。「地域の人たちがめちゃめちゃ優しくて」、浴衣を着付けしてもらったり、一緒にご飯を食べたり、出店で焼き鳥を焼いたり、いろんな人が「がんばってねー！」と声をかけてくれたりした。はじめはユースワーカーに何気なく誘われて行ったお祭りだったが、名前を覚えてもらい、優しくしてもらい、仲良くなることができた。このような〝場〟があることが、まみには純粋にうれしかった。何より、「祭りがすっごく楽しい」。その後は、町内会のお祭りにも毎年参加している。「今年もあるのかな」と、自分から気になるようになった。

「自分なんかに優しくしてくれる人がいるんだ」と。その優しさに触れたことで、自分ももう少し、人と関わってみようかなと思うようになった。そして、今度は自分が何かを返したいという気持ちも大きくなっていった。「それで変わっていったのかもしれない」と、まみは言う。

「昔は、他人なんてどうでもいいやと思っていた」。それが今では、「人と関わって楽しい気持ちになるし、助けたいっていう気持ちにもなるんです」。

こうして、まみの世界や人との関係は少しずつ広がっていった。ユースセンターには3年間、来なかった日がないくらい通うことになった。「ユースセンターに来て、人と関わることがすごく楽しくなりました」と、まみは言う。

●変わらずいられる関係がうれしい

ユースセンターに通うようになって3年目の春、自分でアルバイトを見つけることができるようになった。そして、担当スタッフからも、もうだいじょうぶだねと言われ、参加していたユースセンターのプログラムを「卒業」することとなった。

一緒にプログラムに通っていたほかの参加者もそれぞれにアルバイトを始め、会うことは少なくなっていった。それでもお互いに都合をつけて、今でも月1〜2回は会っている。季節のイベントごと、夏の花火大会や冬のイルミネーションも、必ずその友だちと一緒に行っている。ユースセンターでは、年3〜4回の地域イベントに毎回10〜15名ほどのボランティアが参加するが、まみたちは、バイトの休みを合わせるなどして、その友だちと一緒に参加し再会の場所にしている。

ユースセンターという〝場〟でできた友だちとの関係が、今でも変わらずに続いている。「長いこと続いていて、そうなってくると遊んでいて気持ちがいいんですよね。ずっと変わらないままでいられて。1か月会ってなくても、1年たっても、みんなそのままの状態。『変わらずいられる』ってことがこんなにも楽しい」ということに気づいた。

まみは以前、友だちって面倒くさいもので、つくらなくていい、一人でいいかな、と思っていた。

でも今では、友だちがいてよかったと思う。友だちの存在は、自分を変えてくれた一つだ。

●信頼できるユースワーカーの存在

まみにとってユースセンターは、悩みを相談できる場所でもある。自分がどうしたいか、どうしていきたいかを話すと、それを応援してくれる。話をしたら、何とかしてくれようとする。勉強でわからないことがあれば教えてくれる場でもあった。

ユースワーカーは、自分の弱さも「だいじょうぶだよ」と言ってくれる。バイトなどの愚痴も聞いてくれて、優しくアドバイスもしてくれる。その一方で、「断れないタイプで悪い人につかまりやすい私」に、ダメだよと叱ってくれるときもある。ユースセンターは、助けてくれる場所、信頼できる場所と感じる。

まみにとって印象的なユースワーカーがいる。「悩みがあるとすぐ相談できて、メチャメチャ優しい、おもしろい人で、言葉のかけ方も上手だし、時にはちゃんと叱ってくれて、でも、なんでも応援してくれる人。友だちとその人、その二つが重なると私も変わらなきゃと思うようになった」という。

●自分の気持ちを人に表すこと

まみからすると、学校の先生は「こうしたほうがいい」という感じでものを言う。他方で、ユースセンターのスタッフは、自分の気持ちをいちばんに考えてくれる。そして、自分の気持ちを伝えると、なんとかしてくれようとする。「自分の気持ちがいちばん大事」だから、どうしたいのかと問いかけてくれる。

ただまみは、ユースセンターに来た当初、自分の気持ちを表し、人に伝えることが容易でなかった。以下では、まみが話してくれた言葉をできるだけそのまま記してみたい。

「自分の気持ちを出す、○○したいと気持ちを人に表すことができなかった。自分には気持ちがないと思っていたから、それを言葉にするのが難しかった。この気持ちがどんな言葉になるのかも知らないから、話していても伝わらない」

それをユースワーカーが代わりに、「自分の気持ちを言葉にしてくれて、教えてくれて……本当に育てられた感じです。……（今まで）全然言葉にできなかったんです、楽しいって感情も悲しいって感情もつらいっていう感情もなくて、疲れたかどうかもわからなかった。……自分の感情がわからない、コントロールができなくて、なんで涙が出るかもわからなくて」。悩みを伝えることは、自分の気持ちを表すことになるが、「その気持ちがわからなくて、言葉にできなくて、すごい悩んでいたときもあった」。自分は「押し殺して我慢しちゃうタイプなんですよね、自分の弱い部分を（自分で）認めてあげられない」「今がんばってるけど……まだできる」と思えてしまうため、「限界を知らなかった」。

「自分には気持ちがないと思っていた」まみが、言葉にできずにいた自分の気持ちを引き出してくれたユースワーカーとの関わりを通じて、「自分にも気持ちがあるんだ！」と驚きと喜びをもって気づき、今では、自分の気持ちがいちばん大事と言ってくれる存在を、大切に感じている。

●自分がしたいことを応援してくれる場所

ユースセンターは、自分がやりたい、行きたいと思う方向に向かって、応援してくれる場所。そこで過ごすうちに、まみは自分が今何をしたいのだろうと考えるようになった。

「これまでいろいろな人からの言葉が多すぎて、知らないことも多すぎて、どっちの言葉を信じる？何がしたいんだろう？ってわからなく」なっていた。そこでひとまず楽なほうがいいかと、高校へ行くのはやめてアルバイトを選んだが、ユースセンターで考えるうち、「高校に行っておけばよかった」と思うようになった。

現在まみは、高卒認定試験を受けるために、ユースセンターで開催している学習支援事業に参加し学び直しをしている。しかも、クレープ屋でのアルバイトも1年半以上続けている。前の職場をすぐやめたことや、学校に通いつづけられなかった経験から、何かを続ける経験と、そこから得る自信がほしかったのかなと言い、がんばっている。

今では、アルバイトが週4〜5回、ユースセンターに週2回程度、1週間の予定はほぼ埋まっている状態だが、「若いうちにやれることはやっていこうと思って。エネルギーはまだあるんです」と笑顔で話す。そして、そういう日々にあって、「ユースセンターは心の休まる場所」だと言う。「人生ってすごい楽しいなと今は思うんです。本当に育てられた感じです。だから、私にとっては休める場所だなって。みんな家のように過ごしていて、落ち着く場所だと私は思います」。

ストーリー⑫

大好きな〝劇〟と仲間に出会えて

●──矢沢 宏之

「エルムアカデミー」（略称エルム）は、1984年に創立され、小学生・中学生・高校生、合わせて、現在は100人ほどが通う「学習塾」だ。東京都内城南地域の私鉄駅前に広がる、昔ながらに活気づく商店街にある。塾といっても「補習・受験」といった勉強だけの場ではない。本文中で描かれる夏合宿をはじめとした多くの行事を通じて、仲間ができ、仲間から認められるなかで素の自分を見出し、その姿を出しあえる場をつくっている。こんな場だから、勉強にも取り組める。だから、自分の生き方も見つけることができる、それがめざすことだ。

以下は、エルムという場で、その後の人生に欠かせない大事なものを見つけた、ある若者（立川君）のストーリーである。

●エルムと出会い、勉強と仲間に出会う

立川君がエルムと出会ったのは、中学2年生の夏だ。彼は学校の成績があまり芳しくなく、そこで塾に通うことになった。参加していた地域のミニバスケットクラブの先輩がエルムに通っていて、その母親が「エルムはいい塾よ」と、立川君の母に紹介してくれたのがきっかけだった。

エルムに入会はしたものの、同じ中学校の生徒はいない。一人で通うのはかなり不安だった。しかし、第一印象で「学校のような〝先生と生徒〟という感じがしない」と感じた。エルムでは教員スタッフを「○○先生」とは呼ばない。スタッフも生徒たちを「○○くん、○○さん」とは呼ばない。友だち同士のようにお互いをニックネームで呼びあう。そんなフランクさに親近感をもった。

エルムの授業は平日週3日、午後7時から午後9時までだ。中学校では教えてくれないこと、やらないことをやってくれたので、「おもしろい」と思った。国語の授業では、プリントを読みながら、思ったことを書き込み話しあった。「こういう勉強もあるんだ」と思い、日に日に勉強が「おもしろいなぁ」と感じるようになっていった。授業の中身が理解できたことで、授業中も少しずつ自分の意見を言えるようになった。主体的に参加できることで授業がさらにおもしろくなっていった。

最初の頃、立川君は、中学校で無視された経験から、エルムでも周りのクラスメイトを警戒していた。ここでも自分が拒否されるのではないかと怖く、自分の殻に閉じこもって、周りに話しかけられなかった。誘いにも乗らなかった。そんな状態が3か月くらい続いた。それでも「一緒にコンビニ行こう」と何回も誘ってくれるクラスメイトがいた。あるとき、思い切って「いいよ」と一緒に行ってみた。それが立川君が変わるきっかけになった。それからは、「コンビニに一緒に行かない?」と彼からも誘うようになっていった。周りの仲間が、諦めずに彼に声をかけつづけてくれた。そしてスタッフも、「一人でいるのもいいけど、みんなと行ってみてもいいんじゃない?」と声をかけつづけた。「スタッフがちょっと背中押してくれて境界線を越えることができたのかな」と、今では思う。

いったん周りと打ち解けると、授業が終わっても教室に居残り、クラスの仲間たちと話してから帰るようになっていった。そして少しずつ、ただのクラスメイトから仲間に変化していった。エルムに行くこと、仲間と居ることが楽しくなっていった。早く帰るよう、スタッフから言われても居残り、仲間たちと話をして午後10時過ぎに帰ることもあった。話題はテレビの話やくだらない話ばかりだったが、でも楽しかった。

● 中学校は楽しくなかった

立川君は中学校生活をまったく楽しんでいなかった。中学校の休み時間は教室で本を読んだりして過ごした。いつも一人だった。話すことはもともと好きだったけれど、話しかけても無視されたりした。そんなことが続き、あまり話せなくなった。どう話したらいいか、わからなくて、困ってしまった。そんなときエルムの仲間たちが、話を聞いてくれて、自信になった。これがきっかけで、いろんな人と話せるようになっていった。「エルムに出会わなかったら、今のようにこんな明るくなかったな」と思う。

先生というと、中学校では教科を教えてくれるだけの人だった。けれども、エルムのスタッフは世間話でもなんでもできる人だった。敬語も使わなくてもいい。「友だち感覚」で、「今日こんなことあったよ」と、スタッフにも気楽に話ができた。

なんでも話せる相手がいることで、なんでも話せる自分ができる、エルムはそんな居場所になっていった。

●合宿での〝劇〟との出会い

エルムは夏休みに7泊8日で中学部・高校部合同の合宿をおこなう。合宿はエルムの創設以来続いている。内容は、教科の本質に迫る生徒参加型授業と、運動会や平和劇などの行事で構成される。生徒同士の話しあいを基礎にしながら、スタッフも一緒になって、運動会・平和劇をつくりあげていく。中学生、高校生、そしてスタッフがまさに同じ釜の飯を食い、学びあう。エルム卒業生の誰もがエルムでいちばんの思い出は合宿だと話すぐらいだ。

立川君も、エルムでいちばん印象に残っているのは、合宿の〝平和劇〟だという。これは、中学生や高校生たちが企画・構想、台本づくり、演出、出演と上演までを自分たちの手でつくりあげる。〝平和劇〟と言っても、いわゆる戦争と対置した平和から、身近な問題のいじめ、差別、過労死などの〝社会問題〟も含めて、広い意味で平和をとらえ、劇をつくる。7月から準備を始め、実際の合宿まで約1か月かけて劇をつくり込む。立川君もこれで演劇の楽しみを初めて味わった。

合宿では学年からなる「団」というチームが単位で動く。中学部は1・2・3年生が混ざりあって二つのチーム（団）をつくり、高校部は高校1・2・3年生で団をつくる。劇づくりは、団の仲間たちとどういう劇をつくるのかについて話しあうところからスタートする。その中心を担うのは劇担当、略して〝ゲキタン〟だ。ゲキタンのメンバーは、団で決めたテーマをもとに、舞台設定、登場人物を構想し、セリフ、ト書きと議論を重ねながら台本を書いていく。

　立川君は、中学3年で初めて合宿に参加した。内心、目立つ役割のゲキタンをやりたかったが、初参加のため少し遠慮して、団の旗をつくり、Tシャツのデザインをする担当になった。それでも、みんなで力を合わせて旗をつくったのが楽しかった。旗づくりは1メートル×2メートルほどの布に、団のイメージの絵を描く。団員が力を合わせて、分担して色塗りをしていく。その先頭に立ってがんばった。同級生も後輩たちも、立川君の指示で動いてくれた。学校行事では、みんなで協力するような場面はなかったし、まして、自分が指示をする立場になることはありえなかった。新鮮で感動的な体験だった。

　〝平和劇〟の上演時間は約30分。団メンバーの一人ひとりに役がつき、セリフもある。配役はゲキタンがイメージし、「あなたはこの役をお願い」「この役をちょっとやってくれない？」と声をかけあい、話しあいやオーディションで決めていく。

　立川君たちが上演した劇の題名は〝友だちレンタル〟。主人公は友だちがいないので、レンタル業者から友だちをレンタルする。その友だちは主人公とまったく同じことをするが、すれ違いが起きて、それがもとでケンカが起こり、主人公は殺されてしまう、という筋書きだ。このレンタル友だち役が立川君だった。初めて劇に出演し、「『自分じゃない自分ができる』というのがおもしろかった」。

　合宿では、劇以外に運動会もある。そこでも、仲間と力を合わせる経験をした。中3の夏休みは合宿とその準備でエルムの仲間たちとずっと一緒に活動した。そんな経験をしたから、同じ団になった人同士はとても仲が良く、今でも遊んでいたり、同じ職場で働いていたりもする。

中3で最初に合宿に参加して以降、高校3年間、合計4回の合宿には欠かさずに参加した。中3の合宿が、中学部として最初で最後の合宿になったことが、立川君には「残念」で、「もっと早くエルムに入っていたら、もっと合宿に行けたのに」といつも悔しそうに言う。

立川君にとって、劇で役を演じること、旗づくりで先頭に立つこと、つまり自分のやることが周りの仲間やスタッフから認められることは、生まれて初めての経験だった。そして、同じ時間を共有する仲間も、初めてできた。合宿を通して、とても大きなものを得た。

●「卒業」後もつながりつづける

立川君は高校卒業後、福祉系大学に進学をした。

エルムは塾なので高校を卒業するとエルムも「卒業」することになるが、実際には、その後もさまざまな形でつながりが続くことが多い。エルムでは小学部、中学部、高校部、それぞれで行事があり、その数も多い。そのため、スタッフから卒業生に「ボランティアで行事に参加しないか」という声をかけることが多くある。田植え、稲刈り、キャンプと、人手のかかる小学部の行事では特に声がかかることが多い。

「卒業」した立川君にも、エルムからよく声がかかった。

初めてキャンプのボランティアに参加したとき、お笑いが好きな小学5年生のハル君もキャンプに参加していた。たまたま、担当の班がハル君の班だったことで、夜の交流会の出し物にコンビを組んで漫才をやった。これが大うけして、立川君とハル君は人気者になった。それからというもの、小学部の行事があれば、ハル君と二人で漫才をやった。そして6年後の今、ハル君が高校生になっても、立川君がネタを書いて、相方のハル君とネタ合わせ、行事の前から練習し、披露している。

3年前から、キャンプでは「劇団タチカワ」と名乗ってコント集団も立ち上げた。キャンプ参加者の小学生から出演者を募って、オーディションもして、小学生たちと一緒になって、コントをやっている。もちろん台本は立川君が書く。今や小学部の行事には、なくてはならない存在になっている。

エルムの外でも、高校では演劇部に入部し、文化祭で主演を務めた。お笑いで気の合う友だちもでき、漫才コンビを組んで、M－1にも挑戦した。劇団にも所属している。日々、ネタ帳を持ち歩き、劇やコント、漫才の台本をこつこつと書きためている。

自分のお笑いを理解し、一緒にやってくれる仲間や後輩たち、応援してくれる人たちが今はたくさんいる。その原点は、みんなで協力してつくりあげた中学3年生のエルム平和劇。劇づくりの楽しさを小学生たちに伝えたい。

●これからも漫才で笑わせたい

立川君は大学2年の夏頃から大学に行かなくなった。母親から相談があり、エルムのスタッフが本人にたずねると「授業がおもしろくない、大学に通うふりをして、友だちと時間をつぶして、家に帰っている」という。その後、立川君は母親と話しあい、大学をやめることにした。

大学には居場所をつくれなかったが、高校卒業時からアルバイトは続けていた。電器店の店員を2年間、その後、姉の紹介で放課後児童デイサービス支援員の仕事に就いた。子どもがもともと好きだったこともあり、すでに5年続けている。障がい者移動支援の仕事も含めて週5日働いている。

そんな日々だが立川君は、今でもよほどのことがない限り、もちつき、稲刈り、田植え、キャンプなど、エルムの行事に参加する。

「演劇をやっているとき、漫才をやっているとき、ふと思うんだ。昔の自分はこんなんじゃなかったなーって。こんなに明るくなかったなーって。漫才なんか絶対できなかっただろうなーって。エルムに会えて本当によかった」

だから、「いつでもエルムからの出演依頼はOK。これからもハル君と漫才コンビを組んでみんなを笑わせたい」。

ストーリー⑬

弱さを見せあえた関係性を支えに

●――廣瀬 日美子

「コミュニティ・ベーカリー風のすみか」は東京都三鷹市、井の頭公園近くにあるパン屋だ。子ども・若者の支援をおこなうNPO法人文化学習協同ネットワークが経営し、天然酵母、国産小麦の安心安全なパンを地域の方々に提供している。

また、働くことにハードルを感じている若者の体験研修の場でもある。若者支援のプログラムに参加する若者は、工房内でのパンの成形や具材づくり、パン配達、出張販売、カフェ接客など実際に現場で働く体験をおこなう。また、ベーカリー体験だけでなく、法人の運営する郊外の農場で4泊5日の合宿をおこない研修生同士の関わりを深め、イベントの運営や地域参加を通してさまざまな人（社会）と出会っている。ベーカリースタッフ4人、研修担当1人、研修生6人。研修期間は6か月。

●何もしないよりやったほうがいいのかな

山田君は、当時20歳。穏やかな笑顔で、じっくり言葉を選んで話す青年だった。大学に進学したが、ある教授の講義で発言や意見を求められることが多くなり、緊張のためか行くだけで体調が悪くなった。ストレスで腹痛が起きてしまう体質で、通えなくなり中退してしまう。その後、専門学校に行こうと考えたが、結局、これだと思うものが見つからなかった。そのうちに外に出るのがしんどくなり、一日中部屋でスマホを見たり本を読む生活が6か月ほど続いた。このままだと引きこもってしまうかもしれない。でも、いきなり働くのもハードルが高いと悩んでいた頃、父の知り合いからベーカリーの研修を紹介された。コーヒーを淹れられると聞いて「やってみようかな」と思った。以前テレビで見たカフェのマスターが自分のペースで生きているようでかっこいいと思った。自分ののんびりした性格は、競争社会には合っていないと思っていたし、自分なりのペースで仕事ができたらいいなぁ、何もしないよりは研修をやったほうがいいのかもしれない。そんな軽い気持ちだった。

研修のはじめの頃の山田君は、働いた経験もなかったせいかパン販売に行ってもお客さんとのやり取りはおろか、挨拶もできなかった。接客ができるか不安が大きかったし、お金に触れるのも怖かった。同期の研修生は山田君より年上の人が多いこともあり、どうつきあったらいいか戸惑いがあった。

●みんないろんなものを背負っていた

1か月たった頃、合宿（築150年の古民家での4泊5日の農業体験）がおこなわれた。合宿では、スタッフも若者も一緒に農業体験で汗を流し、薪で沸かしたお風呂に入り、当番でご飯をつくりながら共同生活をおこなう。衣食住を共にすることで、より素に近い自分で周りと関わることができるようになっていく。

合宿では「自分語り」をおこなうことが多い。日程を決める段階でスタッフが『語り』をやってみない？」と提案する。自分の気持ちを人に伝えること、仲間の話を聞くことは、「大変だったのは自分だけじゃない」という共感を生み、お互いを尊重し理解することにつながると思うからだ。「やりたくない」と言うメンバーがいるときは無理にやらないようにしている。このときは、やりたいメンバーが多かった。学校では友だちがいなかったと話す人、正社員で就職したが挫折した経験を話す人、家族間のつらかった経験を涙ながらに話す人など、それぞれが思いを語っていた。山田君は、特別話すことはないと思っていたが、学生時代の人間関係のわだかまりなどを話してみた。中学のとき、いじめられている人をかばったため周りに冷たい目で見られたこと。高校3年のとき、グループのリーダー的女の子に嫌われて周りの自分に対する態度が急変したこと。自分が思ったことをストレートに話すことができないのは、そんな経験が要因かもしれないと語った。自分でも実は引っかかっているんだなと認識した。今までためていたモヤモヤを出せて少し楽になった。「語りを聞いてみれば、皆それぞれ、いろいろなものを背負っていた。自分とそう差がないとわかり、そのおかげで壁を取り払うことができた」。

合宿での山田君は物まねをみんなに披露したり、夜中に布団のなかでいつまでも友だちと話していて注意されたり、今まで見せない意外な一面を見せていた。楽しそうにケラケラ笑い、のびのびと過ごしていた。そうして、「けっこう様子見の関係から、ぎゅっと間が縮んだ気がした」。

●もっとみんなと話したい

合宿をきっかけにメンバーから「もっとみんなと話す時間がほしい」と声があがり、東京に帰ってからも話しあうことになった。「なぜ自分たちは本音で友だちと話ができないのか」がテーマだったとき、メンバーからは「学校は真面目な話がしにくいし、弱みが見せられない雰囲気だった」「一緒にいる友だちでも本当は何を思っているのかわからなくて苦しかった」などの話が出た。みな自分の弱みを見せられない関係性のなかで生きてきた苦しさを声にしていた。安心して自分を出せる場をつくることが重要だ、ということになり、定期的に自分の思いを話す時間をつくって語りあった。

メンバー同士で意見を言う場においても遠慮がなくなり、関係が深まっていった。

●思ったことを言葉にできない

山田君は、自分が思ったことをその場に出すことができない悩みがあった。口に出すのに時間がかかるし、考えているうちに話がどんどん進んで言えなくなってしまう。一日を通して感じたことを話しあうふりかえりのときにも周りが活発に意見を言うなか、山田君は意見が言えなかった。「とりあえず、文脈を気にせず頭に浮かんだことをしゃべってみる」ことを心がけた。そして「ずーっと黙っているとスタッフさんから振られたりして、その時点で頭のなかにあることを出すところから始め」ることにした。思ったことを言葉にしてだいじょうぶだと思えるためには、安心できる場が必要だった。日々のふりかえりのときにできるだけ話すようにし、時間をかけてだんだん改善に向かっていった。「そういう場がなかったら、本当にずーっとしゃべらずに終わっていたかなと思う」。

●仲間の変わっていく姿に触発された

山田君がいちばん仲良くなったのは伊藤君だった。伊藤君は明るくて接客が得意な青年だったが、工房の苦手な仕事は避けていた。しかし1か月あまりたったふりかえりの会で、伊藤君がみんなに話した。「人って得意不得意があって当たり前なのに、今までの自分は自分の弱みを見せることができなかった。失敗してダメな奴だと思われたくなかったから。でも、ここだったら自分のできなさも見せられる。苦手なこともやってみようと思う」。伊藤君はその後苦手な作業にも積極的に取り組むようになった。山田君は変わっていく伊藤君の姿に触発された。失敗したくなくて自分の苦手なことに手を出さないのは、「僕も同じだ」と思った。

3か月たった頃、山田君は作文に次のように書いている。

仕事に慣れてきてから、自分は色々足りてない、もっと経験しなきゃならないことが沢山あるんだ、と気づかされた。人付き合いの不得意さが支障になっているのではと感じるようになってきた。僕は変わろうと思えた。今までなるべく避けようとしていた外販も接客もメインにやろうと決意した。自分が情けなくなる時が多くあるが、それでも少しずつ、少しずつ高かったハードルが下がってきているのを日々感じている。

●仕事って楽しいのかもしれない

山田君は、早い時期に自分の淹れたコーヒーをお客さんに提供していた。コーヒーを淹れている時間が好きで、カフェを開きたいという思いは膨らんでいった。そんなある日、注文が来たら出すという繰り返しで流れ作業のようになっている自分に気づいた。このままでいいんだろうか？　カフェをめざす自分はこのままじゃいけない。もっとおいしいコーヒーに挑戦しようと思った。ところがそれがスランプの原因になってしまった。やり方を変えたことで、薄くなったり、苦かったりして何回やっても安定して美味しく淹れられない。不安と焦りで頭がいっぱいになり、家でも何度も練習した。少しずつ少しずつ感覚が戻り、そして以前以上のコクのあるコーヒーが淹れられるようになってきた。スランプから脱したのは、研修の終了間際のオープンカフェのときだった。店舗前の移動販売車からコーヒーを淹れて出したとき、以前にコーヒーを飲んだお客さんが来て、「やっぱ、ここのコーヒーは美味しい、180円じゃ安いよ」と言ってくれた。そのとき、これまで感じたことのない感情が胸に広がった。それは言葉では言い尽くせない喜びだった。自分の淹れたコーヒーを「美味しい」と飲んでもらえることがこんなにうれしいことだとは。自分本位の満足ではなく、お客さんに喜んでもらえる仕事ができたことがうれしかった。「このとき、仕事に対する意識の変化が僕のなかで生まれたのだろうと思う」。あらためて真剣に仕事に向きあう自分がいた。それからは一杯一杯のコーヒーに心を込めた。「仕事って楽しいのかもしれない」。オープンカフェをやって、自分が変わっていくのを実感できた。山田君のなかに小さな自信が生まれた。それは、小さいけれど大きな一歩なのだと思う。

●どうしてもカフェの仕事がしたい

研修を卒業してカフェのアルバイトを探しはじめたが、なかなか見つからなかった。ベーカリーを手伝いながら就職活動をしていた。スタッフに「コーヒーにかかわらず、幅を広げてみては」と言われた。でも、どうしてもカフェで働きたかった。コーヒーを淹れつづけたい。本格的にスキルを上げたい。急いで関連のアルバイトをするよりもコーヒーにこだわりたかった。数か月後、念願のコーヒー専門店に就職することができた。

今、カウンター席だけのお店で常連さんにコーヒーを淹れている。お客さんとの距離が近く、天気の話や日々の話題、嫁姑の問題まで話が弾む。最初は短い返答しかできなかったが、少しずつ自分の思っていることも言えるようになってきた。話題づくりのために日々のニュースもチェックしている。コーヒーを淹れながらお客さんとたわいもない会話をする時間が好きだ。「僕、常連さんに『あっちゃん』って呼ばれているんです」と、恥ずかしそうに笑う。

●「いつまでもぐじぐじ言っててもしょうがないでしょ」と言いあえるつながり

研修を卒業して5年がたった。今でも同期の仲間で連絡をとりあって「風のすみか」に顔を出す。ある日のこと。同期の一人が「もうだめだ。仕事をやめたい」と話していた。彼はみんなに会うといつも仕事の愚痴をこぼしていたようだ。ずっと聞いていた同期の秋山さんが「いつまでもぐじぐじ言っててもしょうがないでしょ。私のバイト先でよければ紹介するからやめたら」と言った。みんなの遠慮のない意見が飛び交う。そう言う秋山さんも、研修初期は自分に自信がなくて「私なんて働けるのかな?」と言っていた一人だった。

山田君は「学生の頃の仲のいい友だちはいるんですけど、自分の深いところまでしゃべれない。だけどここの人たちだったらしゃべれるかなっていう感じなんです」と言う。その違いはなんだろう?

「お互いの悩みとかも知ってるし、一緒に改善していく気持ちが当時からあった仲間だから」。それぞれのよさも、できなさも見せてきた。お互いを認めたうえで時には厳しい意見も言いあってきた。その関係性が今も続いている。

●仕事帰りに立ち寄って、ちょっと話す場所

山田君は今も仕事帰りに「風のすみか」にふらっと立ち寄る。

「今の職場は、いい職場なんですけど、鬱憤がたまらないわけではないので、それを『すみか』に戻ってきてちょっと話す。ここに来ると自分の同期やスタッフさんも居たりして、ちょっと話すくらいでもけっこう楽になるんです」

「風のすみか」のつながりはこうして卒業してからも続く。パンを買いに来て「元気です」と近況を話して帰る人。仕事の悩みを相談に来る人。研修のふりかえりの時間に来て話す人。突然やってきた

卒業生の差し入れをつまみながら、現役研修生との小さな座談会が始まったりする。現役研修生は先輩の「僕も仕事で失敗する。でもだいじょうぶだよ」の一言に励まされる。卒業生にとっては、日々のなかで気が向いたときに帰ってこれる場所であり、研修生にとっては、先輩の姿がロールモデルになっている。

●社会へのスタート地点に立てた場所

「研修をふりかえって思うのは、とりあえずやってみたら自分ってけっこうダメなところがいっぱいあるな、ということ。それがわかってきたし、改善していこうって気持ちになれた。新しいスタートを切るための場所だったかなと思う」

山田君は「カフェを開きたい」という夢をもちつづけている。いきなりお店をもつのは難しいので、まず週1日開くような小さな店から始めてみたいと考えている。

「自分でも変わったと思えることは、前向きになれたことだと思う。前の自分なら思ったとしても『どうせ』って諦めていただろう。でも今はすぐに実らないかもしれないけれどやってみようと思える。苦労してやったことはたとえ失敗しても自分の糧になる。そう思えるようになったことが成長なのかもしれません」

山田君には、お互いの弱さやできなさを認めあい、励ましあえる仲間がいる。そんな仲間に支えられながら、夢に向かってチャレンジを続けている。

3

日本のユースワーカーに聞く

若者に聞くことから始まる

●――横江 美佐子

大場さんのユースワーカーとしてのキャリアは、1960年代に開設された勤労青少年ホームの指導員が始まりだ。その後、いくつかの青少年活動センター、若者サポートステーションで勤務するなど40年近く若者たちと関わってきた。筆者は、1992年にユースワーカーとして働きはじめ、三つのユースセンターで大場さんと共に働いた。背中を見て育つという言葉は好きではないが、同じ空間で大場さんが若者たちと関わる姿を見てきた。そして、気がつくと大場さんと共に働きはじめた頃の彼の年齢を超えていた。

ユースワーカーとしてキャリアを重ねるとマネージメントやリーダーシップを発揮する機会が増え、そちらが中心業務となる。若者と年の差が開くことで、若者との関わりに難しさを感じ、対応を若手に任せがちな場面が増える。しかし、大場さんは、年齢を重ねながらも、若者たちの声に耳を傾け、語りあい、共に過ごす時間を大切していた。私の目にはそう映っていた。今回、ユースワーカーとしての筆者のロールモデルである大場さんにユースワーカーとしての経験をあらためてお聞きした。

●施設の転換期のなかで取り組んだことは？

京都市では2000年に入り、それまでの15歳から30歳までの働く若者から、下が13歳からと若者支援の対象が変更された。その変化のなかでの取り組みを聞いた。

それまでの勤労青少年ホームの利用者である働く若者から、広く中学生から30歳までの若者を対象にした施設運営をすることになった。それにともなって考えていたのは、「現在の勤労青少年とは誰か？」「勤労青少年問題とは何か？」ということで、そこで浮かび上がったのは10代後半から20代前半の働く女性たちだった。その当時、女性の社会進出が取り上げられ、一見、社会進出が進んだように思われていた。けれど、私たちが出会った若い女性たちの現実は、お茶くみや男性の補助業務ばかりだと言うんだ。彼女たちは「新たな女性の生き方」と現実のギャップのなかで、結婚、職業、出産などの選択を意識せざるをえなかった。そこで、若い女性が参加しやすいゴスペルやエアロビクスといったプログラムを提供するかたわら、ロビーの片隅でカフェを開いたら、仕事帰りの若い女性たちが軽食をとりながらおしゃべりをするようになったんだ。彼女たちにとってプログラムは自身を表現する機会になり、仲間とのおしゃべりは仕事や家の悩みを話せる時間で、それは彼女たちをサポートする場になっていた。

●あらたな若者たちとの出会いで見えてきたことは？

青少年活動センターには、内気な子からヤンキーと呼ばれる子まで、毎日たくさんの若者がやってきていたというが、どのように場を展開したのだろうか。

若い女性たちへの取り組みを始めたのちに、10代を含む多くの若者たちが来館するようになった。なかには学校に属さない若者たちもたくさんいた。私たちは学校に通わないまま学齢期を終え、社会生活を営む若者たちがいることに気づいていなかった。学校に行かなかった（行けなかった）理由は、家庭環境や逸脱行動、学校になじめないなどさまざまだったが、彼らに共通していたのは、通学していたら受けられていたサポートを手にしないまま、社会に放り出されていることだった。そんな彼らの姿は、私たちから見ると「新しい勤労青少年問題」そのものだった。

また、当時は「不登校」（当時は「登校拒否」と呼ばれていた）について語られることはなく、私たち自身、十分な知識をもっていなかった。そこで、出会った若者の声に耳を傾けることから始めたのだけれど、「困ったこと」が持ち込まれるたびに、「えっ、どうしよう」という場面が続くことになった。そこで、学生ボランティアや当時できはじめたＮＰＯの力を借りながら、なんとかかんとか日々を送っていたかな。

このとき、共に過ごした学生ボランティアたちは、今はフリースクールの運営やスクールソーシャルワーカーなど多様な形で若者支援に携わっていて、活動が外へ広がっていった。もう一つ、センターを運営するうえで意識していたのは、公共セクションとして、可視化されていない若者たちの課題に取り組むこと、そしてそこでの経験を社会に発信することだった。

●当事者である若者がパートナー？

「若者が教えてくれる」ということを大切にしてきた印象を受けた。若者たちから教えてもらったことは、ほかにどんなことがあっただろうか。

自分たちの経験を発信すると同時に、当事者である若者も含め活動を共にするパートナーを増やしていくことも大切にしていた。同時にいろんな若者に足を運んでもらいたいから、路上で踊っている若者たちへの声かけをおこなうことにした。今は、安全にストリートダンスができる場所は多くあるし、SNSの発達で仲間とのつながりも簡単に手にすることができる。この頃は、若者がたまっていることと自体が問題視され、路上にいると追い出されていた。そこで、ストリートに出向いて、若者たちがどんなことを望んでいるのか、彼らに聞いてみることにしたんだ。夜遅くに駅前で踊る彼らを見にいくと、駅ごとに踊りのレベルが違い、うまくなってほかの駅をめざす姿や、踊った後、仲間とその場の掃除をしてから帰路に着く姿があった。そんな姿を大人は知らないから、その姿を見せなきゃと。彼らにユースセンターでダンスの練習できるよと伝え、会議室の壁に大きな鏡をつけるなどハード面でも受け入れの準備を進めた。そして、多くのダンサーを集めて技を競うダンスバトルのようなイベントも一緒に企画するようになった。するとみんな一所懸命イベントを運営するし、メンバー同士も仲良くなり、彼らのつながりも広がっていた。本当にたくさんのことを教えてもらった経験だった。

●若者たちの「困った」にどう向きあったのか？

いろんな若者たちへドアを開く、そうすると予想もしなかった出来事が起こるだろう。若者が「困った」と言えるためにどのような工夫をしてきたのだろうか。

若い女性、10代の若者、そしてストリートで踊るダンサーたちと関わるなかで、(若者の)ニーズは、やっぱり相手がもっていて、それを聞くことから始めると自分たちのやることが見えてくるという感覚を得るようになった。そうしているうちに「実はこんなことで困ってるんや」ということが、若者のなかから出てくるようになった。ただ、人が「困った」と言えるには、まず「困った」と言える(言ってもいいと感じる)経験を積む必要がある。「困った」と言えるのは、「人に頼れる力」があるということ、だから、若者がその力をつけるために、安全な第三者と出会って体験を積める場がいる。その場をつくることもユースワーカーの仕事だと考えるようになった。

ユースセンターにいると「高校をやめたい」という相談をよく受けるでしょ。高校生が「やめた」と報告に来る前に、「やめようと思う」と話してくれる関係をつくることが実は大切なんじゃないかな。たとえ結果が「やめた」となっても、若者とワーカーが話をし、一緒に考えることでその後の本人の選択肢が増え、その時間が困ったと言える経験につながっていくのだと思う。

もう一つ、センターで出会う大人は、自分たちの敵ではない、ガードしなくてもよい相手だと若者に思ってもらえることも大切。味方と思える人との出会いが積み重なることは、若者と社会のアクセスが広がるきっかけになる。だから、ユースセンターに足を踏み入れるきっかけは必要だけれど、その後、センターで過ごす理由はなんでもいいいんじゃないかな。

●同僚との信頼関係はどのように築いてきたのか？

これまでの話は、とうてい一人ではできない取り組みばかりだが、同僚たちとのチームをどのように築いてきたのだろうか。


青少年活動センターは、立地する地域やそこに集まる若者たち、そしてマネージメントを担う職員の意思などが組み合わさって運営の方針が決まっていく。加えて、そこに関わるユースワーカーたちが、何を大事にするかを共有し、合意をもって進めていくことが大切だと考えてきた。といっても比較的早く合意形成ができるチームもあれば、1年ギクシャクして終わってしまうこともあった。

ユースワーカーは、若者の声に耳を傾け、自分たちの関わり方、できることを考えていく。実際、若者と関わるうえで、ワーカー自身が行き詰まることもあるし、緊急事態や対応が難しい場面もある。そんなとき、「私には無理なんで、助けてください」と早めにヘルプを出せることが大切じゃないかな。ユースワーカーが誰かに頼る姿勢や困ったときに助けを求める姿を見せずに、ずっとがんばりつづけるのは、相手（若者）にとってすごいプレッシャーになってしまう。

私自身、若者が持ち込んでくるさまざまな問題を前に、「自分にできることなんて何もない」と感じたこともたくさんあった。だから自分の引き出しのなかに対応する手立てがなかったら、誰かの手を借りた。私たちも若者と同様に、一人で抱え込んで大変な状況に陥る前に手助けを求めることができる、困ったときに「助けて」と言える信頼関係を他者とつくっておくことが大切だと思う。助けを求める大人の姿は、若者のモデルの一つになりえるんだ。

●ユースワーカーに必要な「力」とはなんだろう？

ユースワーカーとして働くためにはどのような力、どのようなスキルが必要なのだろうか。大場さんはそれらをどうやって身につけたのだろうか。

ユースワーカーに必要な力量は、カウンセリングなどベーシックなものに加えて、自身がもつセンスをどれだけ広げられるかという視点をもてることかな。具体的には、外部の研修を含めてトレーニングの場を積極的にもつようにしていた。外部の「何がお手本になるかわからん」状態のなかで学ぶことは、これまでもっていなかった知見を得られるだけでなく、外とのつながりもできる。そのつながりのなかで自分たちの仕事をオープンにし、失敗や成功体験も含めて話せる場所を複数つくってきた。他者に自分のやっていることを伝えるという作業は、自身をとらえ直すことにつながっていたと思う。

働きはじめの頃は、利用する若者たちと年齢が近いから一緒に仲良く遊ぶようにして過ごしていたけれど、年齢が離れていくうちに、そうはいかなくなってくる。

「このままずっとやっていけるの」「私たちいらんって言われたら」という思いがあったから、専門性をもって若者に関わる仕組みや研修制度を整えることを始めた。はじめは「実践をふりかえる」といっても互いに指摘しあうだけ、足を引っ張られたくないという雰囲気が漂っていた。それで、何のためにやっているかという点に立ち戻り、自分たちがやっていることは何かを言語化し、一人ひとりがお互いに思っていることを明らかにしていく経験を積んでいった。また、若い頃に、週1から2回程度、同僚と仕事の後に集まってわいわいやっていたことも大きかった。それはエンカウンターグループのような集まりで、その時間があったから、同僚たちとベーシックな信頼関係をつくることができた。これらの信頼関係があったから、関係がこじれて、やりとりが難しくなるという心配はなかった。同僚たちと「信頼感」というベーシックな部分が築かれないまま、技術的な研修やトレーニングを積むだけでは不十分だと思う。現場では「わからんこと」が次から次へとふってくる、そこには失敗も含めて共有できる、頼れる同僚が必要だと思う。

●若者へのまなざしをどうやって共有化したのか？

日々の出来事や若者へのまなざしを同僚と共有することは、忙しい毎日ほど重要なものだ。大場さんが工夫していたことはなんだろうか。

同僚たちとは日々の実践を記録化し、一緒にふりかえる時間をもつことを始めてみた。ユースワークの仕事は多岐にわたっていて、若者と関わりながら、施設のメンテナンスをし、職員集団のマネージメントもおこなっていく。業務のなかで、記録を書くことに多くの時間を割けないから、10分で書ける記録というものを始めてみた。

まず、業務日誌に日々何かあったら書いておく。これは、自分たちが「いつ何をしたのか」を記録に残す作業であり、とにかく「ぱっと、そのときの印象をざっと書き起こす」ことから始める。そして書いておいたものがある程度たまったら、それらを用いて、何人かでふりかえり、話しあう。記録を用いてふりかえることで、一つの場面や若者の状況に対して「あ、この間、こういうふうに変化していたよ」と複数の異なるまなざしが共有されるようになる。

●10分で書ける記録、ユースワーカーにとっての意味は？

現在も「10分で書ける記録」は続いている。ユースワーカーにとってこの記録を書く意味は、どんなことがあるだろうか。

日々を記録し、積み上がった記録をふりかえる。この繰り返しのなかで、彼らの日常や個々の成長だけでなく、若者たちが過ごすグループの様子や、生活背景なんかも見え、それらが共有できるようになる。同時に、若いユースワーカーたちにとって、日々記録を書いて、読んで自分の実践をふりかえる作業は、今、何をしたらいいかわかるための「道しるべ」にもなり、うまくいかないことや失敗や苦手な場面を見つめることにもつながる。

失敗を同僚に隠そうとしても、日常の行動を見ていたら、お互いの苦手なことや不得意なことはわかる、だから得意不得意があることを前提にしたうえで互いの力の出し方を理解していけたらと思う。この10分で書ける記録は、ユースワーカーが若者との関わりをふりかえるためだけでなく、同僚と理解しあい、学びあうためのものでもあるかな。

●インタビューを終えて

「ようがんばった」と互いに声をかける日もあれば、若者への関わりについて議論が紛糾、衝突したことや「これでいいんやろか?」と皆で迷う日もあった。インタビューを終えて「若い職員」「部下」「同僚」それぞれの立場で筆者は、大場さんから「信頼」を築くことを教わっていたことに気づいた。そして、今、私の前で若いユースワーカーたちが、毎日、時間が許す限りロビーで若者と過ごし、帰路に着く前の少しの時間、記録を書いている。大場さんの経験は、ここにいるユースワーカーたちによって新たな意味づけがなされ、今につながっている。もちろん、うまくいくことばかりでなく、葛藤を抱える毎日が続くこともある。そんなとき、私たちはなぜここにいるのかを考えてみたい。

4

ストーリーをふりかえる

ユースワークの場：公園のキッチンカー（札幌市内）

この章では、私たちの研究会の研究者メンバーが、前章で描かれたストーリーをふりかえり、考察する。❶では、ワーカーに視点をおき、本書の主題である「場をつくる」ことが、若者支援の仕事にどのように内在しているかについて探る。❷では、若者たちに視点をおき、場に迎え入れられ、その一員となっていくプロセスで若者たちにどんな変化が生まれていくか考える。❸では、ワーカーがストーリーを描き、伝える行為に視点をおき、本書のもう一つの主題である「現場のストーリーを語り、描き、伝える」手法の意義を考察する。

1

若者と共に場をつくる仕事

原　未来

若者支援の仕事を担う人々は、今日、教育・福祉・労働などさまざまな領域に広がっている。そのため、若者支援とはどのような仕事なのかを共通の言葉で語ることは難しく、焦点や議論が分散してしまうことも少なくない。

ここでは、本書で見てきた多様な現場におけるストーリーをふりかえり、その共通項を探りながら、若者支援とはどのような仕事と言えるのか考察を試みたい。それは、本書の問題関心である「場をつくる」ことが若者支援にどのように内在し、展開されているのかを明らかにしていくことでもある。

（1）なぜ、場が重要なのか？

まずは、本書で見てきたストーリーから場の意味がどのように具体的に浮かび上がってくるのか、確認してみよう。[1]

●ここでは違う自分になれる

「センターはまるで私の一部」。イギリスのユースセンターを利用していたチェルシーはそんなふうに語っていた（ストーリー2）。ふさぎ込んでいた自分に、何度もセンターに来るよう誘ったワーカーの存在は確かに大きい。でも、センターではワーカーだけでなくほかの子たちもみんなフレンドリーだった。それをうれしく感じた彼女は、次第に自分も、ほかの子たちに親しく接したいと思うようになっていく。ユースセンターという場で、彼女は、誰にでもやさしくあれる新しい自分がつくられていく感覚を得ていた。

日本でも、ヤンチャな10代に関わるワーカーから似た話を聞いたことがある。[2] ヤンチャな子らが集まる居場所は、彼らが「違う自分になれる場所」だ。ある若者は、そこに来るなかで「自分に期待して頑張ってみようと思えた」と話したという。そこの場で違う自分を発見し、手ごたえを感じ、育て、広げていこうとする若者の姿が目に浮かぶ。

ヤンチャ系の子らは、時に何か問題を起こすのではないかと見張られたり、厄介者扱いされたりすることも少なくない。そうした視線に陥りやすい学校や地域社会とは異なるまなざしを向けられる場が、「違う自分」をつくっていく基地になっているのだ。

「なんでも話せる相手がいることで、なんでも話せる自分ができる」（ストーリー12）。人への警戒心を強めていた立川君が、何度も声をかけつづけてくれるワーカーや仲間に出会い、話せるようになっていった様子を表したこの言葉は、周囲にどんな人がいるか、どんな場があるかの重要性を物語っている。

●場が関係を支える

もちろん、この人の前では素直になれるといったように、たとえばワーカーとの一対一の関係が重要になることもあるだろう。場というより、ある特定の誰かとの関係性が重要なのではないか、と思うかもしれない。しかし、その一対一関係さえも、実は当人たちを取り巻く場に支えられていることは多い。

不登校のユキが初めてやってきたときのエピソードは象徴的だ（ストーリー8）。個室でユキとワーカーが話していると、部屋に飛び込んできたメグミ。そのメグミとワーカーのやり取りをそばでじっと見ていたユキは、その後機関銃のように自らのことを語り出したという。このように、そこにいる人たちとワーカーの関わり方を横目で見たり、感じたりしながら、聞いてくれる・語ってもいい相手としてワーカーやその場が体感されていくことはよくあることだ。

これはユースセンターで「なぁ聞いて！」と話しかけてくる若者たちにも言える（ストーリー6）。数年ぶりにセンターに来たアキラが初対面のワーカーとも気さくに話したのは、それ以前に関わったワーカーとの関係を土台に、センターにいるワーカー全般に対する信頼感や安心感をもっていたからだろう。それは、センターには「俺らのことを見てくれるユースワーカーがいる」という言葉にも表れている。特定の「○○さんがいる」ではなく「ユースワーカーがいる」なのだ。だから、アキラがワーカーにさまざまな話をするようになっていった様子は、一見すると特定のワーカーとアキラの一対一関係が深まっていくストーリーのようにも思えるが、そうではない。ワーカーは個別独立の存在ではなく、センターという場とセットで認識されていて、そこでの関係は、彼らがいる場の雰囲気や信頼感に下支えされながら形成され深まっていったのだ。

だから、たとえ同一の関わりであっても、それがどのような意味合いを帯びるのかは、その関わりがどのような場に内包されているかによって異なる。「よくわからない子」だったサカタに自分ができたのは、「ただそばに居ること」だけだったとストーリー5のワーカーはふりかえっている。深い話をするわけでもなく、ただ一緒に開所前の15分を共に過ごす。イベントで盛り上がる輪の外にいた彼の隣に行く。こうした二人の関係は、「こういう関わり方もいいよね」と周囲に認められたり、「あそこはだいじょうぶ」と思われたりするなかで、緩やかに場のなかに位置づき、心地よいものとして静かに、確かに、維持されていた。

●場のなかで生まれる

さらに、若者支援の場では、いつ、誰に、どのような影響を受けるかはさまざまだ。先に見たワーカーとの関係だけでなく、若者同士の関係もまた、場があることに支えられている。そして、本書で見てきたどのストーリーにも若者同士の関わりが描かれていたことは、若者支援の特徴をよく表しているだろう。

たとえば、「苦手なこともやってみようと思う」と言って変わろうとする仲間の姿に、失敗したくなくて苦手なことに手を出さないのは「僕も同じだ」と気づいていった若者がいた（ストーリー13）。これは、ワーカーがそのような目標をあらかじめ定め、そうした認識にいたるよう意図して若者個人に働きかけた結果ではない。「ここだったら自分のできなさも見せられる」と感じられるようなミーティングの場が、若者の語りを促し、それを共有する周囲の者に新たな刺激を与えるという一連の過程を生み出したのだ。場の存在が、相互に影響しあい関係しあうきっかけを生み出している。

（2）どのような場を、どのようにつくっているのか？

このように、若者支援において場が重要な意味をもちえるとすると、次に問題となるのは、その場が具体的にはどのような特徴をもち、どのように形成されているのかという事柄だろう。先に見てきた場は、必ずしも自然に生じていたわけではない。

●若者から始まる

そもそも、ワーカーが場をつくるまでもなく、若者たちは複数の場ですでに生活をしている。家庭や学校、仲間内でつるみ過ごす空間も、彼らが生きる〝場〟だ。

イギリスなどでアウトリーチ・デタッチト（出張型）ワークと呼ばれるユースワークは、「若者たちに占拠された〝空間〟に参加していく」ものとされる[3]。ストーリー4で見たストリートワークのように、街のあちこちを見て回り、たむろする若者たちに声をかけ、彼らと一緒に何かをやったりする。若者たちが生きる場にワーカーが出向き、関わっていく実践だ。

同様の取り組みは、日本ではそれほど多くはない。しかし、夜遅くに駅前でダンスをする若者たちのところに行き、話を聞き、センターの壁に大きな鏡を取りつけてセンターでもダンスの練習ができることを伝えていったというエピソードは、同様の姿勢をもったものとしてとらえられる（日本のユースワーカーに聞く）。

あるいは、若者にとって魅力的なものを備えるということも、若者たちが興味関心をもつ事柄にワーカー側が近づいていくという点で似ているかもしれない。フィンランドのユースセンターでは、スケボーやバイクなど若者たちの関心が高い一方で、地域社会にはあまり好まれないような遊びや文化を、思う存分楽しみ発展させることのできる施設が整えられていることも多い。

ここで重要なのは、もともと若者たちがもっている場や関係、興味関心などがそのまま大事にされていることだ。時にワーカーは、若者の抱える問題に目が行き、それを解決しなければという思いに駆られることもある。たとえば、ヤンチャ系の子らのなかには、つながりを切らせて個別に関わっていくほうが望ましいと考えてしまいがちな集団に属する若者もいるかもしれない。しかし、ストーリー4のストリートワークでは、そうして分断するのではなく、グループ丸ごとに関わり、彼らが興味を示した映画づくりを共におこなっていた。彼らの今もつ場や関係を大事にし、そこから出発し関わりを発展させていこうとする姿勢がここには表れている。

同じことは、日常的につるむ仲間たちと一緒に入り浸ることのできるユースセンターにも言える。彼らは、日常の関係をもって、その延長線上でセンターにやってくる。そこから、ワーカーは関わりはじめるのだ。

イギリスのユースワーカーのG・ティファニーは、デタッチトワークを「若者たちの領域(territory)において、若者たちの領域から働きかける」実践であり、「若者とユースワーカーとの対話から生まれる、開かれた、オープンエンドの社会教育(social education)」だとした[4]。若者が大事だと思う場や関係や興味関心を出発点に、彼らとの対話によって関わりを形成していく実践と読めば、若者たちのところに直接出向くデタッチトワークだけでなく、センターベースの取り組みにもあてはまる定義だろう。

どんなに〝いい〟場をつくろうとしても、それが大人の手によってつくられ、若者の現状から乖離したものであっては、若者の参加は生じない。若者支援の場をいかにつくるかは、目の前にいる若者から始まるのだ。

●関わりを広げていく

では、ワーカーはすべてを若者にゆだね任せっきりなのかというと、そうではない。ワーカーはどのような場になるよう意識しているのかという視点からストーリーを読み解くと、人との関わりや活動を広げていこうとする志向に満ちていることに気づく。

たとえば、卓球の練習を目的にユースセンターを利用していた若者たちが、センター行事の手伝いを経てボランティアグループの立ち上げへといたった例では、ワーカーの声かけや誘いが重要な役割を果たしていた（ストーリー7）。また、ストリートで声をかけた若者たちと映画づくりに取り組んでいった実践でも、当初のグループ以外の若者にも参加者を広げていくことがワーカーから提案されていた（ストーリー4）。先に、若者同士の関わりが場のなかで生じていることに触れたが、そうした関わりあいが生まれる場がワーカーによって意識的に生み出されているとも言えるわけだ。フィンランドのユースワーカーは「若者同士の関わりあいの場をつくること」こそが、ワーカーの腕の見せどころだと明確に語っていた（フィンランドのユースワーカーに聞く）。

実際に、京都のユースセンターを利用していた若者への調査では、センターに最初に赴いたときの動機や利用形態が、その後広がっていく事例が多数見られている。[5] たとえば、センターを学校行事の練習目的で利用した若者が、たまり場のようにロビーを利用するようになり、さらにロビーで出会った留学生との交流からボランティア活動に参加していくといった具合だ。こうした利用や関わりの拡大プロセスに重要な役割を担っていたのが、入り浸るなかできっかけや交流が生じるロビーという場の存在と、若者の潜在的な欲求を引き出すワーカーの声かけだった。

つまり、若者のもともと生きる場や関係、興味関心といった、ある種の「日常」をベースにしながら、そこに新しい他者との関わりや活動のきっかけを提起・創出・後押ししていく実践が、ワーカーによって展開されている。ここに、若者支援におけるワーカーの重要な仕事が浮かび上がる。

(3) 場をつくるワーカーの葛藤と省察

以上をふまえれば、若者支援の場は若者の「今」からつくられていくが、その際、ワーカーは独自の存在として、ある一定の志向性や意図をもってその場をつくることに関わっていることになる。このときの志向性をめぐる問題について、もう少し考えてみたい。

●ワーカーの葛藤

というのも、ワーカーの志向性や意図が働く場は、ともすればワーカーの思惑通りの場ともなりうる。場づくりは若者から始まるのだと言いながら、結局はワーカーの良いとする価値観や規範をともなう場をつくり、そこに若者を誘導してしまうようなこともあるかもしれない。こうした事柄について、ワーカー自身が「これでよいのだろうか」と悩むことも実は少なくないのではないだろうか。

> 本当はここまで行きたいと私が思って、このメンバーでここまで行くために、私が何か変に引っ張っちゃうっていうか、「きっとここまでできるよ」みたいな感じにしちゃうのは、昔はけっこうその傾向あったかもと思ってる。（略）「もっとこういうのどう？」みたいに、（その場に参加する若者に）たぶん言ってた感もあった。

これは、ひきこもりなどを経験した若者たちに半年間の就労研修プログラムをおこなっている、ストーリー13を書いたワーカーの言葉だ。[6] そのような思いにいたったのは、ある若者に「さっきのってさ、なんかさ、（ワーカーの）口車に乗ったっていうかさ、そんな感じじゃね」と言われたことがきっかけだったという。「これをやったほうが意味がある」というような雰囲気が出ていたんだろうなと思ったワーカーは、その後徐々に「いろんなことが起きる日もあれば、そうでもない日もあれば、それはそれだなと」思うようになっていったと話す。

このように若者を引っ張ることへの自戒は、フィンランドのユースワーカーたちからも頻繁に語られていた。「若者自身が気づくまで、待つ」、「ある程度進むと、引く」、「導いたり、アドバイスを与えてしまいやすいから、いつも自分を律しなければならない」といった言葉がそうだ（フィンランドのユースワーカーに聞く）。

ただ一方で、ワーカーは何らかの願いや方向性をもって日々若者に関わっていることもまた事実だ。その意味で、実践は何らかの意図をもった価値的な取り組みにならざるをえない。たとえば、ストリートで声をかけた若者たちと映画づくりをおこなった実践でも、映画の内容は彼らの生活に関わりのあるものにしたいというワーカー側の明確な思いが示されていた（ストーリー4）。脚本が決められていくプロセスには、単に若者の思いだけでなく、実はワーカーからの提案や、それと若者の思いとのせめぎあいみたいなものが存在するわけだ。わかりやすい「成果」が求められるなか、ワーカーは若者をパワーで導きがちになり、こうしたせめぎあいが難しくなる状況が広がっているものの、なおもワーカーは若者とやり取りを重ねたり、自らを問うたりしていることが、先のワーカーの様子からはうかがえる。

また、こうした実践の難しさの背景には、若者支援が、先のティファニーの言葉にもあるように「若者とユースワーカーとの対話から生まれる、開かれた、オープンエンドの」ものであることも関係している。若者支援は、学校教育のようにカリキュラムをもつ実践ではない。到達点や活動内容はあらかじめ決まっておらず、若者との相互の関わりのなかで、そのつど展開され、更新されていく。場をつくる際の起点が若者だというだけでなく、日々、そのときどきの関わり（実践）もまた、若者のふるまいに応答しながら生じ、変化していくのだ。そこでは、着地点も、そこまでのプロセスも、一様でもなければ明確でもない。

こうした特質を強くもつがゆえに、ワーカーには目の前の若者との関わりから常に自身の実践、時にその志向性や意図を問い直していくことが求められるのではないだろうか。その場にワーカーが関わり、共にあることの意味は、ワーカー側の価値をともなう実践を抜きには語れないが、と同時に、その実践のあり方は絶えず若者との関係のなかで問い直されていくところに、若者支援という仕事の本質がある。

●省察し、変わりつづけるワーカー

このことは、ワーカーが変わりつづける主体であることを意味している。フィンランドのユースワーカーは「日々の出来事や自分のふるまいについて、これでよかったのかと考えつづけること」がワーカーには重要だと述べていた（フィンランドのユースワーカーに聞く）。彼らいわく、「若者に関われば関わるほど、自分自身の不安も高まる」のだという。この言葉を聞いたあるシニアワーカーは、長く経験を積むと実践上の勘はつかめてくるが、それは同時に「スムーズに事が運ぶにはこうしたらいい」というようなある種の「ずるさ」が身についていくことでもあると話していた。そういう自分に気づき、目を向け、悩み、これでいいのかと問いつづけることが、ワーカーの仕事にはついてまわるのかもしれない。

だからこそ、ワーカーには省察を共におこなう仲間やワーカー集団、語りあえる場が必要になる。「他者に自分のやっていることを伝えるという作業は、自身をとらえ直すことにつながっていた」という言葉はそれを端的に表している（日本のユースワーカーに聞く）。フィンランドのワーカーたちも、「若者への関わり方について悩み・悩みあう姿勢」がワーカーの専門性だと言い、口をそろえてチームのなかで話しあい、語りあえる関係性と場が重要だと話していた（フィンランドのユースワーカーに聞く）。

若者支援では、ともすれば「若者が変わる」ことに主眼が行きがちだ。しかし、以上からはワーカーもまた、若者との関わりのなかで絶えず問い直され変化していく主体であることがわかる。自らを問い、変わっていくことのできるワーカーでありつづけること。これは、価値をともなう実践を展開するワーカーが手放してはならないことではないか。

(4) 若者と共に場をつくる

お題目に陥ることなく、ワーカー側も変わりながら、そこにいる若者と共に場をつくっていくことを考えたとき、ストーリー9を書いたワーカーの次の言葉は示唆的だ。

●それぞれ持ち寄って交じりあう

（若者のもつ世界が）ただ狭いと言うのは嫌だったんですよ。友だちが少ないとか、世界が狭い（ととらえて、その一方で）、僕らは広くもっている。僕らのなかに引き込むっていうのは、やってあげてる感がすごい強いじゃないですか。たぶん（僕らが）やってることはそういうことじゃない。もちろん、僕らがもっているリソースとか、僕らのやってる楽しさを感じてもらえばいいなと思うんですけど、彼らだって、狭いなりにかもしれないし、見えないだけで、けっこうそれなりの日常や世界や空間があって、それが対等に交じりあえるほうが、もっと楽しくなったり、豊かになったりするのになと思ったりする。（略）あくまで融合。お互い持ち寄るというか、交じりあうというか。だから彼らが狭くて、僕らが豊か、という立ち位置で接してないと思うんですよね。

周囲や大人からは見えづらく、ネガティブにみなされやすいかもしれないが、若者たちが彼らなりに生きている日常や世界が確かにあるのだというこの指摘は、一見当たり前だが見落とされがちな視点でもある。それは、若者の姿を、若者の立場からとらえること、とも言い換えられる。どんな状態にあっても、その人なりに生きる日常があり、世界があり、生き方がある[7]。若者の側にも「ある」のだということを前提に、それを知ろうとすること。そしてそこにワーカーの思いも重ねながら発展・融合させていくこと。これらは、若者と共に場をつくっていく際の重要な視点となるだろう。

● 今より「まともな」社会をつくる

そして、若者の側にも「ある」こと、若者から出発することを基調としたとき、ワーカーは単に目の前の若者だけではなく、社会のあり方にも目を向けざるをえない状況に直面することがしばしばある。

若者支援の場を通じて安心できる人間関係を獲得し、世界を広げていったみゆきが、その一方で自身のおかれている厳しい家庭環境や格差をも実感するようになっていったエピソードがあった（ストーリー9）。若者支援の現場にいると、過酷な労働環境のなかで疲弊し、仕事についていけなかった自分を責め抜いてきたような若者に出会うことも少なくない。そんなとき、みゆきに関わったワーカーのように「あなたのせいではない」と伝えながら、どう今とは違う社会をつくっていけるかをワーカーは考えずにはいられないだろう。社会の格差や不平等、差別や偏見、劣悪・不当な働き方など、若者が直面する「今、ここ」から、この社会にある問題や課題に目を向け問い直していくことが、どうしたって求められるのだ。

その意味で、若者支援の仕事は、若者たちの声を聞く場をつくり、広げ、今より「まともな」社会をつくっていくことと地続きだ。本書で見てきたストーリーでも、映画づくり（ストーリー4）、カフェ（ストーリー8）、パン屋（ストーリー13）などの取り組みを通じて、偏見に満ちた若者へのまなざしの転換や、これからのあるべき働き方や生き方の模索が試みられていた。つまり、それぞれのストーリーで描かれた場や若者との関わりは、単にその場の話にとどまるものではなく、今とは違う地域・社会をどうつくっていくかという視点や思いにつながっているのだ。若者支援とは、若者が正当に位置づく場を、社会を、若者と共に生み出していく取り組みだとも言えるのではないだろうか。

最後に、今一度本書1章❷で示された「ユースワークの基礎」を思い出してみてほしい。ストーリーを読み解いてきた今、「基礎」はよりリアルに、若者支援の仕事をとらえるときの重要な視点として浮かび上がってくる。[8]若者の「今、ここ」から始め、彼らが大事にしているものを共有・尊重しながら、新しい関係を、場を、社会を、若者と共につくりだしていくこと。若者支援とは、そんな仕事だと言えるだろう。

【注】

1 以下に登場する若者の呼称は各ストーリーの記述に準拠し、敬称の統一をおこなっていない。

2 佐藤すみれ（２０２２）「ありのままでいられる10代の居場所『やんちゃ寺』成果報告」（第40回滋賀県社会福祉学会、２０２２年2月23日）。

3 Rogers,V. (2011). *101 things to Do on the Street, Second Edition*. London: Jessica Kingsley Publishers.

4 Tiffany, G. A., & Pring, R. (2008). Lessons from detached youth work: democratic education, *Nuffield Foundation*.

5 原未来（２０１７）「ユースワークとどのように出会い、離れていくのか」公益財団法人京都市ユースサービス協会『若者の成長におけるユースワークの価値――京都市青少年活動センター利用者インタビューから』29－48。

6 研究会では本書のストーリーの書き手であるワーカーに対して２０１８年3～4月にヒアリングをおこなっており、そのデータに基づいている。以下の引用も同様。

7 これは、筆者が注目しているナラティブ的探究（Narrative Inquiry）という教育実践研究方法の考え方にも重なる。若者を主語にして語ることで、若者の主体性や能動性に注目していくことが可能になる点で、若者支援の現場で有用な方法論だ。詳細は、原未来（２０２２）『見過ごされた貧困世帯の「ひきこもり」――若者支援を問いなおす』（大月書店）を参照。

8 ＩＤＹＷの中心メンバーの一人であるB・デイビスによれば、「ユースワークの基礎」で示された内容は絶対的なものというよりは更新されうるものであり、議論の際の参照軸だという（２０１５年9月3日、ロンドンにて研究会でヒアリング）。その意味では、「基礎」の視点を手がかりにしつつ、私たち自身が若者支援の仕事が何たるかを語り深めていくことがよりいっそう重要だ。

2

若者が語るユースワークの場での育ち

大津 恵実

はじめに

学校やインターネット上で表面的にはつながっていても、孤独や孤立を感じている若者は多い。その背景には、多くの時間を過ごす学校や家庭が安心して自分を表現し、他者とのつながりを実感できる場になっていない状況があるのではなかろうか。以下では、ユースワークの場に関わってきた若者たちの語りから、自らを表出できることの意味を探っていきたい。

（1）現代を生きる若者たちの自己表出のしづらさ

●気に入られるための生存戦略

「まずね、クラスのなかで、誰がいちばん影響力をもっているか見極めて、その子に気に入られることが大切」。「その子の好きなものと、同じものを好きになるようにする。その子と同じものを持つ。その子の好きなものをあげる」。

これはストーリー9で描かれたみゆき[1]の語りだ。自分がどんな持ち物や服装を好むのかではなく、クラスで人気の高い、影響力のある子の好みにいかに合わせるかが彼女にとって重要な関心事になっている。これはみゆきが、クラスで仲間はずれにされ、いじめられないために、必死に編み出した生存戦略だったのだろう。このような意識は持ち物の選択だけではなく、その子に好かれる話題を身につけようとするなど、日常のふるまいにも表れていく。小学校高学年で上記のような生存戦略をとったみゆきだったが、固定化された人間関係のなかで他者に従属しつづけるしんどさもあってか、その後中学では「不登校」となり母親との関係もさらに不安定になって、他者と本音で話すことが難しくなっていく。

●自分を見せられない関係性

ストーリー13で描かれている山田君も、いじめと排除が日常と化す学生時代の人間関係について、「自分が思ったことをその場に出すことができない」「ストレートに話すことができない」と語っている。安心して自己を表出する機会を奪われていた山田君は、その後、自分の意見を求められても、思ったことをすぐに伝えることが難しかった。

また、ストーリー12で描かれた立川君も中学校で無視された経験から、エルムに来た当初はクラスメイトを警戒し、周りの誘いも断りつづけ、自分からも話しかけず、約3か月間様子をうかがっていた。自分の弱さを見せると排除されてしまうという学校での経験は、他者への不信感にもつながり、新たな人間関係を築くことを難しくさせていた。

●自分には気持ちがないと思っていた

ストーリー11で描かれたまみは、自分の思いや弱さを安心して表出できないという以前に、「自分には気持ちがないと思っていた」「楽しいって感情も悲しいっていう感情もつらいっていう感情もなくて、疲れたかどうかもわからなかった」と語っている。まみはいじめにより学校に行けなくなったが、親や教師からそのことについてあまり関心をもたれず、ほぼ家に引きこもって他者と関わることがなくなり、「他人なんてどうでもいいや」と思うようになった。担任の先生から声をかけられることや、親が「（学校に）行きなさい」と言ってくれることをどこかで期待していたのだろう。こうして気持ちを押し殺して過ごすうちに、自分に気持ちがあるのかどうかもわからなくなってしまっていた。孤立した状況のなかで、自分の弱さや限界を認めることができず、自分自身を信頼する気持ちも失われるという、空疎な状態に陥っていた。

（2）場において表現し関わる存在になっていく

以上のように、学校や家庭が、安心して自分を表出できる場になっていない若者は少なくない。では、彼らはユースワークの場において、何に出会い、どのように変わっていったのだろうか。

●なんでも話せる相手と自分

学校の友人や母との関係で困難を抱えていたストーリー9のみゆきは、最初は母親に連れてこられたエルムという場で、徐々に学校の友人とは異なる関係性を同年齢の仲間や先輩たちと築いていった。みゆきがエルムで書いた作文にはこのような下りがある。

何気ないことも簡単に話せて、大切なことなどを話すときには、思ったこと全部、本音で話し合えるクラスにしたい。本音で話せたとき、想像できないくらいうれしくなったし、ほんとの友だちだって思えた。

エルムでは特定の子に気に入られるためにふるまうことなく、自然体で、本音で話しあうことができる関係性をつくっていったことが読み取れる。

中学校で無視された経験をもつストーリー12の立川君も、当初警戒していたエルムについて、「なんでも話せる相手がいることで、なんでも話せる自分ができる」居場所と表現するようになっていく。そのきっかけは、「一緒にコンビニに行こうよ」と何回も誘ってくれるクラスメイトがいて、思い切って「いいよ」と一緒に行ってみたことだった。クラスメイトやスタッフの様子、やりとりを観察していた3か月が、場への信頼を醸成する時間となっていたのであろう。それ以来、自分からもクラスメイトを誘うようになり、警戒心が解け、その場の一員としてふるまうようになっている。さらに、学校で無視され困っていたときに、エルムの仲間に話ができたことで、いろんな人と話せるようになっていった。

●自分の気持ちを大事にしてくれるワーカー

自分の悩みを仲間と共有できたことで少しずつ自信を得ていった立川君だが、その変化の背景には、エルムの場をつくっているワーカーの存在も大きかった。ワーカーが「一人でいるのもいいけど、(コンビニに)みんなと行ってみてもいいんじゃない?」と声をかけつづけてくれたことは、立川君が自らの境界を越える力となっていた。

このように、自分のことを話せる仲間関係を構築していく過程にワーカーの存在は欠かせない。ストーリー11で描かれたまみにとって、ユースセンターは友人や地域の人など、関係性が広がっていく場所であると同時に、ワーカーにアルバイトや人間関係の悩みを相談できる場所でもあり、助けてくれる場所、信頼できる場所となっていた。当初、自分には気持ちがないと思い、自分の気持ちを言葉にするのが容易ではなかったまみが、ワーカーに悩みを相談できたのはなぜなのだろうか。まみはワーカーのことを、「こうしたほうがいい」と言う学校の先生とは異なり、「自分の気持ちがいちばん大事」だから、自分がどうしたいのかと問いかけてくれる存在だと話している。ワーカーはまみが今どのように感じているのか、これからどうしていきたいのか問い、言葉を引き出す役割を担っていた。ワーカーとの対話を通して、まみは「自分にも気持ちがあるんだ！」と気づくことができ、自分の気持ちを表現する言葉を探り当てていった。

ストーリー13で描かれていた山田君も「思ったことを言葉にできない」悩みを抱え、「風のすみか」の研修のふりかえりのときにも意見を言えずにいたが、「文脈を気にせず頭に浮かんだことをしゃべってみる」ことを心がけようと変わっていった。その変化の背景には、合宿や日々の「語り」から、ほかのメンバーとの間に安心して自分の意見を言える関係性ができてきたことが大きい。それとともに、「ずーっと黙っているとスタッフさんから振られたりして、その時点で頭のなかにあることを出すところから始めました」とも語っており、ワーカーの促しも関与していた。この話からは、ワーカーの促しが表現をいっそう縮こまらせるプレッシャーになるのではなく、逆に、山田君の表現が引き出される関係が両者の間につくられていたことがうかがえる。時間がかかったり、まとまりがなくても、安心して思ったことを言葉にしてよいのだという感覚を、仲間にもスタッフにももてるようになっていったのだろう。

●自分も親しみやすく接する存在になる

若者たちにとってユースワークの場は、仲間やワーカーたちから気にかけられ、安心して話ができる、信頼できる場となっていた。そして周りからそのように接してもらった彼らは、その場の一員として自分もまたそのような関わりを他者に返したい、新しい参加者にも同じように接してあげたいと思うようになっていく。

ストーリー2のチェルシーの語りからもこうした変化が浮かび上がる。チェルシーは、新しいメンバーがユースセンターにやってきたときには、進んで「よく来たね」「一緒にやろう」と声をかけている。センターに来はじめた頃の彼女は、お兄さんが亡くなるという事件もあり、自分の殻に閉じこもり、家にも帰らず、他者との関わりを避けていた。しかし、スタッフや周りの若者たちが親しみやすく声をかけてくれたことで、センターで仲のいい女の子たちのグループもでき、プログラムやイベントに参加しながら経験を広げていった。また、センターの外でボート型のぶらんこをつくったとき、たまたま通りかかった見ず知らずの若者たちに「手伝って」と声をかけたことも鮮烈な経験となり、「とっても自信になった」と語っている。他者から声をかけてもらい、気にかけてもらうことで、自分も誰かにとってそんな存在になりたいと思うようになる、そのように場の応答関係は循環する。そして、自分も場の一員として、新しい参加者を迎え入れることができた経験が大きな自信につながっている。「世の中には本当にすてきな人たちがたくさんいるのよね。たとえどんな格好をしていようと、どんなふるまいをしていようと、中味はそんなんじゃないのよね」というチェルシーの言葉に表現されているように、ユースセンターでスタッフやほかの若者たちと応答的な関係が築けたことは、他者一般に対する信頼にもつながっていく。

このような循環的・応答的な関係は、ストーリー11のまみの「人と関わって楽しい気持ちになるし、助けたいっていう気持ちにもなるんです」という言葉からも読み取れる。まみはセンターのプログラムでも、はじめのうちは妹と話してばかりだったが、ゲームなどをするなかで話しかけてもらったことから、徐々にほかのメンバーと打ち解けていった。その後ユースセンターがおこなうイベントでつくった料理を、利用者から美味しいと言われたことに「感動というか感激」し、センターでのお祭りの実行委員や、町内会のお祭りの手伝いなど、参加の場を広げていき、そのうれしさ・おもしろさを実感している。「昔は、他人なんてどうでもいいやと思っていた」が、助けたい、何かを返したい気持ちが生まれ、自ら新たな他者と関わるようになっていった。

（3）若者の今と社会を媒介するユースワークの場

以上のように、若者たちがお互いに気にかけ・気にかけられる応答関係をつくりだす循環的なユースワークの場は、若者の今と若者がこれから生きていく社会を媒介する機能も果たしている。そのいくつかの様相を以下に示したい。

●社会と交渉して生きる

ユースワークの場はユースワーカーなどの大人が設置し運営に責任を負っているが、それと同時に、若者たちと共に日々つくられている場でもある。ストーリー10で描かれた佐藤君と上田君は、放課後に過ごすやませいという場で、ユースワーカーという大人と交渉をしながら、自分たちが行使できる自由の範囲を存分に試していた。彼らは思いついたことを次々と試し、数々の「事件」を起こし、やませいを「ガスが抜ける」「騒げて怒られない場所」と表現している。しかし、ワーカーに怒られた経験も語っている。矛盾する語りだが、「だいぶん、ギリギリまで攻めたけどな」という言葉にあるように、自分たちなりにその場を見極めながら、ワーカーとのルールの交渉を楽しんでいるようである。大人から干渉されず、自分たちのやりたいように遊ぶ場を求めているのであれば、ワーカーがいない公園のような場で過ごせばいいわけだが、彼らはやませいを選んでいる。それは彼らが、自分たちの過ごす場のルールを、大人と交渉しながら書き換えていく経験を求めていた、ということではなかろうか。

彼らはワーカーがどう対応するのかを見ている。佐藤君と上田君はワーカーに怒られた経験を語りながらも「仲の悪い人は、いーひんかった」、親や学校の先生とは異なり「どこにも属していない大人と気軽にしゃべれるというのは、ほかにないところ」だと話している。実際にはワーカーは勤務する組織に属しているわけだが、彼らの目には、どこにも属していない大人、すなわち一般的な大人とは異なり、所属にとらわれず自分たちと関わってくれる大人と見えている。そこに彼らなりの、若者と大人社会を媒介する位置に立つユースワーカー像がある。そんなワーカーやほかの利用者など具体的な関係性のなかで、社会における交渉の可能性を学んでいく、やませいはそのような場となっていた。

●自分たちの「やりたい」を実現する

ストーリー7では、児童館職員であるワーカーの手助けを受けながら、高校生がボランティアグループを立ち上げ、活動の幅を広げていく過程が描かれている。若者の声から始まった活動であるが、「高校生だけのキャンプをしたい！」という提案に対して、ワーカーははじめ、施設として支援をするためには目的が必要であり、グループへの信頼が必要であると伝えていた。ワーカーはここであえてグループにとっての障壁となっている。その後、メンバー同士の話しあいを経て、まずボランティアグループとしての実績を積み、ワーカーの信頼を得てから、当初目的のキャンプを企画するという方向性が決まり、グループ活動は始動した。活動を通じて、自分たちが楽しむキャンプから、ほかの高校生たちと交流するキャンプに目的が変化し、若者たちの視野は広がっていく。しかし、メンバー間の目的や熱量には違いもあり、活動が展開するにつれて、それが表面化し、仲間割れも起きてくる。その際には、ワーカーに思いを吐き出し、問題の整理を手伝ってもらいながら乗り越えていった。ワーカーは時に障壁となり、また時には障壁を乗り越える過程に寄り添う存在ともなりながら、若者が「やりたい」ことを社会で実現する主体へと育つプロセスを媒介している。

自分の文化を育てていく

ユースワークにおいては「若者のコミュニティや文化的アイデンティティを尊重し」、実践をおこなうことが重視されている[2]。ストーリー12で描かれた立川君が今生きていくうえで軸になっている文化は演劇・お笑いであるが、立川君と演劇・お笑い文化の出会いを媒介し、さらにそれを彼が自らの文化へ育てていく媒介をしたのは、エルムという場である。

中学3年のエルム合宿の平和劇で、みんなで協力して作品をつくりあげ、自分の役割が仲間やスタッフから認められた経験が彼の原点となっていた。その後、立川君はエルム内外で演劇やお笑いの活動をつくりだしていく。「卒業」後、ボランティアとして参加したエルムのキャンプで、漫才のコンビを組む相方に出会い、キャンプの交流会で漫才を披露した。そこで人気者になったことで、小学生たちを巻き込んでコント集団を立ち上げるなど、エルムの行事に立川君の存在はなくてはならないものになっている。大学や仕事で思うようにいかない時期もあったが、そんなときも演劇・お笑いを通して他者と新たな活動をつくりだしていった。演劇・お笑い文化が彼を支えている。

仕事の楽しみを仲間と見出す

ユースワークの場に関わり、「仕事」に対する考え方が変わった若者もいる。ストーリー13の山田君は大学に通えなくなり中退した後、家で過ごすことが増え、いきなり働くのもハードルが高いと悩んでいたときに、「風のすみか」の研修に参加する。研修以前から山田君は、カフェのマスターに憧れをもっていた。研修に参加してからは、仲間の姿に触発され、ただマイペースにコーヒーを淹れるだけではなく、外販や接客も積極的にやろうと決意する。スランプに陥ることもあったが、研修時のオープンカフェで自分の淹れたコーヒーをお客さんに「やっぱ、ここのコーヒーは美味しい、１８０円じゃ安いよ」と言ってもらったことで、これまでになかった感情が胸に広がる。自分の満足だけではなく、お客さんに喜んでもらえる仕事ができたことで、「仕事って楽しいのかもしれない」と感じられるようになり、自身の変化を自覚することで自信を取り戻していった。その後も、「すみか」の仲間に支えられ、コーヒー専門店で働きながら夢に向かってチャレンジを続けている。山田君にとって「すみか」は、仕事への向きあい方を見つめ直し、変えていく場となっている。

（4）その後もつながりつづけることのできる場

以上、見てきた若者たちのストーリーは、ユースワークの場が日常生活の中心であった当時の経験をふりかえりながら話してくれたものだ。プログラムの終了や就職などそれぞれの理由で、今は日常的に通うことはないが、その後も場とつながりつづける若者は少なくない。

ストーリー13の山田君は「風のすみか」の研修期間が終わり、卒業して5年がたったが、現在も同期と連絡を取りあい、時に「すみか」に顔を出している。「いつまでもぐじぐじ言っててもしょうがないでしょ」と遠慮なく言いあえる関係であり、単に仲のいい友だちとは違う深いところまで話せる仲間だという。また、「すみか」に一人でふらっと仕事帰りに立ち寄ることもあり、「すみか」には卒業してもつながりつづけられる文化が根づいている。

ストーリー11のまみも、アルバイトを自分で見つけることができ、ユースセンターのプログラムを「卒業」したが、当時の友人とは今でも月1~2回会っており、地域のイベントに来た際にはセンターにも顔を出す。まみはユースセンターでの自身の変化を実感しているが、友人との「変わらずいられる」関係が楽しいとも語る。ユースセンターは公共施設として地域の若者たちに開かれている場であり、頻繁に利用していた時期が終わっても変わらずそこにある。

このように、ユースワークの場での友人・仲間・ワーカーとの関係は若者の職業的世界への移行において、拠りどころとなることもある。乾・児島は若者が「学校から仕事へ」の移行過程において、さまざまな困難に直面したときに、自己アイデンティティの形成・回復・書き換えを支えるコミュニティを「媒介的コミュニティ[3]」と表現している。具体的には高校・専門学校や、ひきこもりからの回復のための「居場所」などで苦楽を共にした仲間・友人関係について述べられているが、本稿で示してきた、その後もつながりつづけられるユースワークの場も、そのような「媒介的コミュニティ」の役割を果たしていると言えるかもしれない。

おわりに

本稿では、ユースワークの場に関わってきた若者たちの語りから、自らを表出できることの意味を探ってきた。

学校や家庭で安心して自分の気持ちを表現できなかった若者たちは、ユースワークの場において仲間やワーカーに迎え入れられ、言葉が引き出される関係を少しずつ築きながら、自分自身と周囲への信頼を回復していく。やがて、自分が迎え入れられたように他者を迎え入れ、気にかける存在に転じながら、場の一員となっていく。そのように、ユースワークの場の応答関係は循環している。

同時にユースワークの場は、若者の今と若者がこれから生きていく社会を媒介する機能も果たしている。場のルールを鵜呑みにせず交渉しながら生きていく経験、壁を乗り越えながら「やりたい」ことを仲間と実現していく経験、自分を支える文化的アイデンティティを育てていく経験、仲間と支えあい仕事の楽しみを見出していく経験、若者たちの語りからは、そうしたユースワークの場の機能も浮かび上がる。

はじめはたまたま来た、連れてこられたといった若者たちも多いが、迎えられて場の一員となり、関係・活動を深め・広げていく過程で、それぞれの関心やニーズから場を意味づけ、書き換え、創造していく。それは社会において自らの生き方を模索し、つくりだしていくこととも地続きである。安心して自分を表出できる場を得ることは、このように社会的・創造的な主体として育ち、そして、場を離れてからもつながりつづけられる「媒介的コミュニティ」をつくっていくための不可欠な前提条件になっている。

【注】

1 敬称は、各ストーリーにおける記載にならっている。

2 Davies, B. (2015). Youth Work: A Manifesto For Our Times - Revisited. *Youth & Policy*, 114, 96-117. (https://www.youthandpolicy.org/wp-content/uploads/2017/06/davies-youth-work-manifesto-revisted.pdf ２０２２年12月14日アクセス)。

3 乾彰夫・児島功和（２０１４）「後期近代における〈学校から仕事への移行〉とアイデンティティ——『媒介的コミュニティ』の課題」溝上慎一・松下佳代編『高校・大学から仕事へのトランジション——変容する能力・アイデンティティと教育』２１５－２３６、ナカニシヤ出版。媒介的コミュニティについては、宮﨑も若者個人が学校・職場・家庭・地域など諸コミュニティ間で「断片化した自己」と「理想の自己」「あるべき自己」を媒介し、新たな自己として統合していくコミュニティととらえている。宮﨑隆志（２０１０）「若者問題が提起する教育実践の課題」教育科学研究会編『教育』７７３、81－89。

3 ユースワーカーが〈書く・伝える〉こと

●──岡 幸江・平塚 眞樹

（1） ユースワーク実践の核となる「即興性」と、「書くこと」

ユースワークは、若者の周囲で起こっていることに柔軟に寄り添い、彼らとの会話やアイコンタクトなどのコミュニケーションから立ち上げる実践と言われる。それは、学校の教師たちが教室や授業の環境設定をある程度コントロールできるのとは対照的なものだ。関わりに即して実践を構築していくためには、やりとりに身を任せることが重要である。多くの会話を聞き、どのタイミングで関わるか判断していく力も求められる。このようにユースワークは、物理的にもやりとりのうえでも、「流れに身を任せる」即興性に基づいておこなわれる実践である。ユースワーカーの、若者たちの思いや文化に寄り添い働きかけるあり方は、スキルというより技（craft）とも表現されうるものであろう。

一方でユースワークにおいては、省察（reflection）が重んじられる。それはこうした即興性、そして経験からの学びやそのプロセスを重視するスタンスに呼応するものだろう。省察には、ある出来事の〝後〟に起こる行動への省察と、行動のその〝時〟に自らの「足元について考え」、他者の反応に照らして、自分の行動を修正するような省察があるという[1]。「書くこと」によって書いたものを媒介に同僚と語りあい、状況に関わる方法について熟考することは、前者の省察に位置づけられる。出来事後の省察を重ねていくことは、行動時の省察を、より確かにするものとなるだろう。

ここでは、本書でストーリー執筆に取り組んだ実践者たちが「ストーリーを書く行為をふりかえる」目的でおこなったグループインタビュー[2]での語りをもとに、「実践者が〈書く・伝える〉ことの意味」を描き出していきたい。前半では、実践者が書くことを通して、「時間」および〝場〟を俯瞰する視座を手に入れているのではないか、という仮説について考察する。後半では、「書くことで伝える」という行為について考える。そして最後に、書いたものを読みあう場づくりについて提起したい。

（2）ワーカーが書くことの意味

●実践の軸を見出す

立川君[3]をめぐるストーリー12を書いた矢沢は、書くことと書いたものを読みあうことによって、自分たちの若者への関わりが何をもたらしてきたのかを知り、ワーカーとしての仕事の軸を見出したと言う。

子どもたちのなかで自分の軸になる文化をつくるとか、それを通して仲間をつくることが、今一つ自分のなかでもぼやけていたわけです。書くことで、自分がやっていることの意味、若者たちにどういう変化をもたらしてきていたのか明確にわかってきたことが、非常に大きかったと思います。書くことでそぎ落とされていくというか、重要なところが見えてくる。特にストーリーを検討する場でそこが軸じゃないかと言われたりしたことで、自分の実践をもう一回見開ける。それが非常に大きかったと思ってます。

他方で、まみをめぐるストーリー11を書いた福井は、書いていくことで、自分が関わってきた若者たちにとっては何が重要であったか、気づかされたという。

ワーカーとして、実は意図的にやっていないこと、こちらがあまり認識していないけれどふつうに関わった結果が、実は彼女・彼らにとってポイントだったということがあるのかなと。書いていくことで、ここポイントだったんだと気づいたりできたと思う。

ワーカーの視点によって実践の軸を発見する場合、若者の視点によって客観的に実践の軸に気づかされる場合、その両面から、書くことと、それを読みあう場で言葉をもらうことを通して、「自らの実践の軸」を明らかにしていく意味が語られている。

●過去―現在―未来を行き来し、時間軸を俯瞰する

次に本項と次項で、書くことによって、実践者が「時間」と「場（空間）」の視点から実践を俯瞰する目を養う、という点を考えてみたい。

すでに本書1章❷で示されたように、本書で実践をもとに「書く」土台となったストーリーテリングワークショップは、イギリスのユースワーク関連団体IDYW（In Defence of Youth Work）が開発してきたものである。本書自体がそのメンバーとの共同の探求に支えられてもいる。IDYWはあわせて、「ユースワークの基礎（Cornerstones）」についても検討してきた[4]。

そこでも述べられるように即興的かつよく訓練されたcraft（技）に支えられるユースワークはそれにもかかわらず、対外的には理解・評価されがたい特徴がある。それは、昨今のユースワークをめぐる厳しい状況（1章❷参照）に大きく関係している。

一方で、「ユースワークの基礎」で表現される「技」をワーカーたちはいったいどのように培っていくのかという問題もある。そこで本論では、ユースワーカーが書くことで「時間」「空間」にわたって俯瞰する目を養い、そのことが、自らの「技」を深めるにあたり重要な意味をもつのではないか、との仮説のもとに考えてみたい。

ユースワーカーが「今、ここ」の瞬間において若者たちに向きあい、関わりをつくることについて、みゆきをめぐるストーリー9を書いた中塚はこう語っている。

ふだんの現場だと若者たちとの話しあいや応答で、考える暇がない。とにかく投げてくる球を取って投げ返すのか、違う角度で誰かに渡すのかとか、考える暇なく応答している。そしてだからこそ、「書く」という行為は、即興的・身体的に動いてきた「今」を対象化し、考える時間をつくりだすのだと中塚は続ける。

僕にとって書くことは考えることとつながっている。（中略）書くときは（中略）壁打ちみたいな感じ。自分の考えに没頭できる。

書くことが、「今、ここ」を対象化する行為につながることについては、「やませい」のストーリー10を書いた横江も語っている。

そのときは意識していなくても、自分がきちんと動けてるんだって確認できたことがおもしろかった。動いているときは全然そんなこと思いつかない。一歩引いて書くという作業が必要なんだと思う。

さらに書くことは、「今、ここ」の対象化を介して、過去―現在―未来という時間を見通す視座を、ワーカーに与えるようでもある。先の中塚は、このようにも話している。

見つけた発見が、次の実践とか、もっとこうしようとかいうことにつながるのは大きい。書きながら、前のことだけど今のことも同時に考えながら書き進めている。書くことによって、ちょっと時間がたってから考えたことが実現されるのかなと思う。

書くことは過去―現在―未来を行き来しながら「今」をとらえ直す行為であること、またワーカーはそのような過去や未来との重なりのなかで現在を重層的にとらえていることが推測される。

カリキュラムや指導計画に基づくわけではない、常に「今、ここ」に生起する実践において、その場しのぎや場当たり的でない一貫性のある関わりを重ねることは簡単なことではない。書くことで、時間軸において俯瞰し見通しをもっていくことは、即興的でありながらよく準備された関わりの技量を養っていく、重要なプロセスであるだろう。

●〝場〟を見出し、俯瞰する

書くことは、時間軸で俯瞰していく目を養うばかりでなく、目の前の〝場〟を、一対一関係にとどまらない総合的で立体的なものとして俯瞰してとらえる目を培うとも考えられる。

ユキをめぐるストーリー8を書いた平野は、以下のように話している。

今回、書くことによって当時の彼女の苦しさや、今目の前にいるラーナーたちの背景にある生活など、彼女らの生き方に共感する場所に立ち戻ることができた。(中略)ストーリーを読みあう場で言ってもらったけれど、共に場を成長させていくうえで核となる若者がいて、その核となる若者を思い出すことで、自分たちの場所を再確認した。

書くことは、実践を客観視する作業であるはずだが、そのプロセスを通じてリアルに戻るという発言は興味深い。

山田君をめぐるストーリー13を書いた廣瀬も、平野と同様に、書くことを通じて場のリアリティが立体的に再認識されるプロセスがあったと話している。

私が今回書いた若者は、集団のなかで目立つ若者ではなかった。当時の私は、目立つ子への思い入れの感覚が強かったが、書きながら彼の内面に私自身が入っていくと、あのときの彼はああいうことを感じていたんだとか、彼の側からの集団が見えるところがすごくおもしろい。私も当時のリアルに自分がどんどん戻っていく感じがする。彼の立場に立ったときに、集団やあのときの関係性が立体的に見えてきた。

書く行為が、若者の視点を通して、場の構造を立体的に浮かび上らせ、書き手であるワーカーは、あらためて当時の「リアル」に戻って、関係性や場を再認識する機会を得ているようだ。

では、こうして場や関係をリアルに俯瞰できることには、どんな意味があるのだろうか。そのことについて、先の平野は話を続けている。

リアルに戻って、客観化して、新しい先が見える。（中略）今ユキは大学生になり、ほぼＨＩＢＩＫＩに来なくなっているけれど、当時の彼女と同年代の中学2年生を目の前にしたときに、そのリアルにより深く戻れる。今回書くことによって、（中略）今目の前にいる「彼女たちのことはきっと最後まで面倒を見ることができる」という感覚や、逆にあのとき間違ったことをまたやっているなという気づきも含めて、見えてきた。

平野は、当時中学2年生だったユキと今目の前にいる中学2年生を重ね、当時と今の時間・空間が交差していくなかで、統合的に「見えてくる」様を語っている。そして時間・空間を俯瞰して当時の

「リアルに戻る」ことで、今目の前にいる若者の「先」の姿をも見通している。

以上、即興性に特徴をもつユースワーク実践において、書くこと・省察することがもつ、俯瞰の意味を考えてきた。実践者が「書く」ことや、ある場面に意味づけをおこなうことは、目の前の若者に向きあうことを妨げてしまうようにも、一見思える。しかし書くことは、時間・空間を超越し、目の前の現実を立体的に再構成しながら、リアルに迫ることを可能にすると実践者たちは言う。そうした現実把握は、先の見通しにつながる。こうした「技」としての見通しは、昨今ユースワークを覆う評価主義と連動してマネジメント論的に語られるＰＤＣＡサイクルのＰＬＡＮとは、まったく異なるものであろう。

（3）書くことで、伝える

●小さくて大切な日常の話

書くことは、自分や実践をふりかえる手立てとなると同時に、自分たちのありようを外の世界に伝える媒体をつくることでもある。ユースワークがまだほとんど知られていない日本においてはとりわけ、伝える側面に目を向けることも大切だろう。

「書くこと」をめぐる本書ストーリーの書き手たちの話が、「書くことで伝える」ことに及んだ際、注目が集まったのが、私たちの研究仲間であるイギリスのユースワーク研究者かつパートタイムユースワーカー、タニアが紹介する「ラザニア」の話であった。タニアは英国内150人近くのワーカーや若者にヒアリングを実施し、ユースワーク評価を検討する研究プロジェクトを主宰してきた。「ラザニア」の話も、この報告書に記されたものだ。

ヒアリングに応じたイギリスのユースワーカーは語る。[5]

子ども・若者一人ひとりの成長を具体的に示すのは難しい。ユースワークの醍醐味は、小さな出来事ばかりですから。

そして、小さな出来事の例として、「ラザニアの話」を始める。

先日、私は年少クラブの子どもたちとラザニアをつくって、その日のミーティングで食べることにしました。そこにやってきたのが、年長の三人組の男の子たち。いつもなら「僕は食べないよ」「チーズはきらい」「食べない」と口々に言う彼らが、その日はいつもと違い、三人とも食べようとした。なぜか？　それはこのラザニアをつくったのが、小さな子たちだったからです。

こういう小さな出来事が（私たちにとっては）大きな出来事なんですね。でもそれをどうやって記録したらいいのか？

この「ラザニアの話」をめぐり、ストーリー9を書いた中塚は、自分たちは大きな出来事であればユースワークの価値が伝わると思いがちだが、本当はこういう話こそ書きたいし読みたいと言う。

こういうものこそ僕らは読みたいし、書けたらいいいんだよなと思う。伝わるものをどう書くかと考えるとき、意外と僕らは、大きい出来事だったら伝わるかなと思いがち。でも僕らが本当に伝えたいのは、ラザニアみたいな話なんじゃないか。それが伝わるならいいなと思うし、伝わるはずと自信をもてるようになるにはどうしたらいいのかと考えたりします。

ストーリー10を書いた横江も、インパクトが強い特別な話しか伝わらないというわけではないはずと言う。

書くときに、どうしても関わりが強かったり苦労した若者を書こうとしがち。確かにそれはインパクトがあるかもしれないけれど、特別なことしか伝わらないというのは違うのではないか。日・英のユースワーカーたちが共有するこうした感覚の背景には、ユースワークが、時に修羅場のような場面も経験するが、本来は「日常」性にこそ、本質や価値があるとの考えがあるのだろう。これに関わって、まみのストーリー11を書いた福井と、フィンランドのワーカーの話を書いた松本は、ストーリーを書くことで気づいたことがあると言う。

特別な何かをやるより、日常のなかで関わる。たとえば家で話を聞いてもらえない若者がいたときに、まず話を聞くこと、この人だったら聞いてもらえるかもというところから日常のなかで関わることが大事だと、書いていきながら気づけた。（福井）

ユースワークは日常に埋め込まれているものだと思います。なかなか意識化しにくい部分も同時に含まれているので、それを書くことによって実感していくと感じています。（松本）

「ラザニアの話」がワーカーたちに共感を呼ぶのは、それが、ユースワークにとって本質的な「日常」に埋め込まれていながら、それでいて、三人の若者の育ちにとって見逃せない、そしてユースワークだからこそ生み出せる、「これぞユースワーク」の場面だったからだろう。こうして日常のなかに、挑戦や成長の小さな出来事を積み重ねていくことがユースワークであるとしたら、その小さな意味ある出来事を見過ごさずに書きとめ伝えていくことは、大切な営みであるはずだ。

●伝えることの難しさ

とはいえ、日常の小さな出来事の価値を、他者に伝えて理解を得るのは容易ではない。先の「ラザニアの話」をしたイギリスのユースワーカーは、以下のように話を続けている。

> 若者を知るということは、言ってみれば、彼らの挑戦や成長を知ることなんだと思います。でもその様を書くことは時として本当に難しい。特に事業の資金提供者に、事業の成果として伝えるのが（難しい）。

すでに1章❷で、新自由主義政策下の国々で広がる、アカウンタビリティの名のもとでの「成果を数値で求める」傾向の広がりを確認した。

少なからぬワーカーたちは、自分たちの仕事の価値は、わかりやすいダイナミックな変化のもとにのみあるわけではないと考える。そこにワーカーたちに共有された一種の価値判断がある。ただしその視点が外の社会に理解してもらえるとは限らず、むしろ誤解される可能性もある。資金提供者に事業の〝成果〟として「ラザニアの話」を伝える難しさは、おそらくそうしたところにある。ユースワークの価値を必ずしも共有していない相手に「ラザニアの話」をした場合、若者が見事に変化した話をこそ〝成果〟と期待していたのに「たったそれだけ？」とユースワークの意義や価値を過少評価されかねないからだ。

ユースワーカーが日常の小さな話をユースワークの本質と考えるのは、若者たちの変化がある日突然に、何か一つの出来事で劇的に起きるわけではないと知っているからだ。日常に埋め込まれた数々の小さな出来事を通じて、少しずつ積み重なった経験が、潜在的に力となり、あるとき何かの出来事を〝きっかけ〟として、誰の目にも見える変化となり、表れる。それを知ればこそ、一方では目に見える若者の変化だけを切り取って〝成果〟として伝えることに危うさを感じ、他方で同時に、ある小さな出来事を一つ切り取って伝えても、ユースワークのダイナミズムは伝え切れないと、もどかしさをも感じるのではなかろうか。

そんな悩みを抱えるなか、ストーリー10を書いた横江は、ある視点に思いいたる。

こういうエピソードは誰々君個別のエピソードとして伝えたほうが伝わりやすいと最初思ったんです。でもそれ違うなと。（中略）彼らにとって居場所って、良いエピソードも悪いエピソードも日常的にたくさんある。（中略）良かった場面をエピソードとして拡大的に語るって、怖いことだと後で思ったんです。（中略）

そういうことがたくさん起きる場なんだと、主語を場にして語るほうが健全なのかな。

ある若者がこのように変化したという伝え方よりも、ラザニアの話のような出来事が毎日あちこちに起きる場だという伝え方のほうが「健全」かもしれないという感覚。それは、そういう〝場〟をつくることこそがユースワークの目的であり、そういう〝場〟があって初めて、若者の変化が生み出されると考えるところから生まれてくるのだろう。

ただしそうは言っても、〝場〟を描くこともまた容易ではない。ストーリー6を書いた國府の次の言葉は、おそらく書き手全員の思いを代弁しており、私たちの課題を明示してもいる。

ワーカーと若者の一対一の関係なら書きやすかったが、今回、場というものを通して、若者が成長する点と点を線でつなげた視点で、初めてものを考えられた。すごく気づきになったが、そこで苦戦をしている自分もいる。

（4）書いて読みあう場をつくる

書くことのもう一つの難しさは、若者や場の話を、ワーカーの自分が書けるのか、書いてよいのかという葛藤にも現れる。

ストーリー8でユキをめぐる話を書いた平野は、その葛藤や逡巡を以下のように表している。

共に場を成長させていくうえで核となる若者がいて、その核となる若者を思い出すことで、自分たちの場所を再確認した。けれども、当人がその当時抱えたものはあまりにも大きくて、そんなに安易に書けるのかとも思う。

ストーリー10の横江も、ワーカーが良かった場面だけをエピソードとして拡大的に語るのは「怖いこと」と語っていた。

ユースワーク実践が展開される〝場〟には、若者だけでなくユースワーカーも存在する。ワーカーが〝場〟のストーリーを描こうとすれば、自分自身もその対象に含む全体を俯瞰することになる。研究者など完全なる第三者が書く場合と大きく異なるのはその点だ。書き手となったワーカーたちは、その場にいた自分自身をも離れて俯瞰することで、当時見えていなかった視点にも気づかされる。一方、俯瞰的視座を得ることによって、以前よりいっそう、ワーカーである自分が当時の若者たちのリアルにどこまで近づけるのか、書けるのかと、逡巡や葛藤を抱かざるをえなくなるのではなかろうか。

書くことをめぐるこの困難を前に、本論が最後に提示したいのは、書いて読みあう場をつくることの意味である。

ユースワーカーが表した本書掲載のストーリーはどれも、執筆者が一人で書き上げたものではない。ストーリーテリングワークショップにおいて語られ、紐解いた（unpicking）内容を、あらためて書き記す。その後、今回は時期的制約からオンライン開催が中心ではあったが、国内各地の多様な背景をもつ実践者・研究者が会する場で、何度も読みあい・語りあわれるプロセスを介して、ストーリーはつくられた。その点で本書ストーリー群は、「共同執筆」の側面をもつとも言える。

ストーリー5で、サカタ君と自分の交わり、そしてその僕らを取り巻くＡｔｌａｓという場を書いた勝部は、今回のストーリーには、読みあい語りあう場で得たフィードバックも反映されていると、以下のように述べる。

今回は、もともと僕のなかで言葉になっていたものをあらためて実践の記録に書いたっていうプロセスのほうが近い。ただ、書いて皆さんに読んでいただく場があった。僕ら（サカタと僕）の関わりを場が受け入れてくれたんだね、といったフィードバックをその場でもらったりしたとき、僕らのバックにある場というものがより見えて、それをまた記録に戻すことができた。

書くことで、時間や空間を俯瞰する視座を得ていくことは、裏返しで、自分には気づけていないだろう若者や場のリアリティの重みにも気づかされていくことでもある。その重さを受けとめてなお書き伝えようとする実践者を支える、読みあい語りあう場の可能性をここに記しておきたい。それは勝部が言うように、その場が、まだ自分が気づけていないことを気づかせてくれるかもしれないからだ。

ストーリー8でユキの話を書きながら、「当人がその当時抱えたものはあまりにも大きくて、そんなに安易に書けるのかとも思う」と語った平野は、この読みあい語りあう場をさらに拡張する必要性と可能性について、以下のように示唆している。

つくった私たちだけが発信するのではなく、そのエピソードを与え、ストーリーを考えさせてくれたユキ含めた若者たちも一緒に、議論に加われる場づくりが必要じゃないかと思っています。

今はまず、実践者が落ち着いて、書く・読みあう・語りあう場を、たとえ小さくても彼らの周囲につくっていくことが必要だ。ただこうした場は実践者同士、また今回取り組んだように実践者と研究者の共同をも越えて、平野が言うように、ユースワーク実践を共にしてきた若者たち、さらにその周囲の関係者へと広げていくことも考える必要がある。おそらくこの拡張のプロセスは、ユースワークの価値を確認しあい、伝え、理解と共感を得ていくプロセスにもなるだろう。私たちは、今回のストーリーと本づくりの共同的経験を通して、実感をもって、その試みへの挑戦をここに提起したい。

【注】

1 Tony Jeffs and Mark K Smith.（1996）. Informal Education —conversation, democracy and learning. *Derby: Education Now*. 22-23, 63.
2 これは、平塚が主宰する科研研究会の一環として、２０２２年2月13日にオンライン形式でおこなわれた。グループインタビューの趣旨や方向性については、岡と平塚で事前に協議し、司会進行は岡が務めた。
3 敬称は、各ストーリーにおける記載にならっている。
4 https://story-tellinginyouthwork.com/the-idyw-cornerstones-of-youth-work/（２０２２年8月13日アクセス）。
5 Tania de St Croix 'Rethinking Impact conference' in Dec 40 m (https://www kcl ac uk/events/rethinking impact conference ２０２２年8月13日アクセス)。

5

場をつくる実践の射程

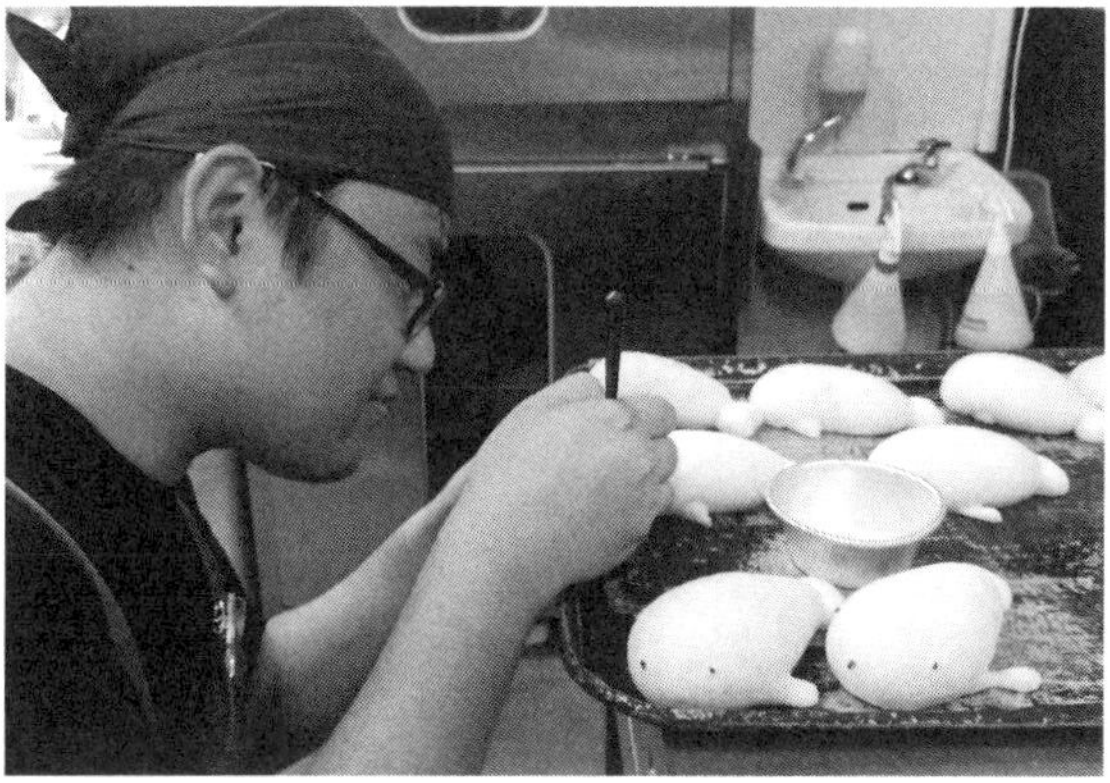

ユースワークの場：パンづくり（東京都内）

この章では、本書の主題である「場をつくる」実践の射程が、若者支援にとどまらず、広く人を育てるさまざまな実践分野に及ぶことを示す。❶では、学校教育における「生活指導」に着目し、それが場を育てる教育実践としての共通の基盤をもつことを示す。❷では、地域社会教育において、当事者自身が場をつくる経験の重要性を伝える。❸では、コミュニティワークにおいて、場づくりが、参加者が地域課題の当事者になりゆく過程の中心的実践であることを示す。

1

〝場〟を育てる教育実践としての生活指導

乾 彰夫

(1)「強い枠組み」のなかの「弱い枠組み」

学校教育はユースワークに比べ、はるかに枠組みの強い教育活動であるが、そのなかにあって生活指導[1]は教科などと比べ非常に弱い枠組みのもとにある。学校がおこなうべきとされる教育活動を定めた『学習指導要領』では、生活指導にあたる領域はおもに「特別活動」において示されているが、各教科における記載と比べ、内容等も簡略で抽象的で、教科書等の教材等も指定されていない。学級・ホームルーム担任等、各教師が大きな裁量をもち、そのもち味と経験・熟達に基づく即興性[2]が求められるところは、ユースワークと重なるところが大きい。

（2）生徒指導と生活指導

「生活指導」は学校によっては「生徒指導」と呼ばれる（生徒指導部など）ことも多い。もともと「生活指導」という言葉は、戦前来教師たちのなかで使われ定着してきたものである。一方で「生徒指導」は、戦後おもに『学習指導要領』等において使われはじめた。両者は重なる部分も多いが、「生徒指導」がどちらかというとカウンセリングなど生徒個々人に教師が直接働きかける指導方法が重視されるのに対し、「生活指導」では生徒同士の関係のあり方や生徒集団に注目し、そこに働きかける指導と教育活動が重視されている。したがって生活指導は、生徒たちの集団的な関係性に働きかけ、学級や学年、あるいは学校全体という、生徒たちが学校生活を営む〝場〟を育てていく取り組みと言っていい。

学年のはじめ、学級のなかに仲間に入りたいのになかなか交わりがつくれない生徒がいる。そのとき教師は、その生徒に直接個別に働きかけるのではなく、ほかの生徒たちに、そういう生徒がいることを気づかせる。あるいは学級のなかにほかの生徒たちを威嚇したりして自分たちに従わせようとするグループがいる。あからさまな威嚇などがなくても、隠然とほかの生徒たちを支配しているスクール・カースト現象などはよく見かける。そのとき、教師はその支配しているグループを呼び出して個々に注意するのではなく、学級の生徒たちみんなに、それがおかしいこと、嫌な思いをしている生徒がいることを気づかせ、生徒たち同士のなかで問題を考え、解決することを励ます。生活指導はこのように、生徒たち同士の関係や生徒たちとほかの大人たち、あるいは学校などの組織との間にある問題（校則など）を、生徒たち自身に気づかせ、自分たちで考え、解決していくことを励まし援助する指導的取り組みである。ここにあげたような事例は、ユースセンターなどでもしばしば見られる。ユースワークとも重なるところが大きい。

（3）生活指導実践の方法

このような生活指導には、いくつかの方法的特徴がある。

●生活指導における「教材」——方法的特徴①

先に『学習指導要領』では生活指導の教材は指定されていないと述べた。しかし生徒たちがそれに取り組むことを通して学ぶ「教材」が生活指導にないわけではない。生活指導における教材は、たとえば文化祭や体育祭などの学校行事、あるいはいじめや暴力などの事件等、日々の学校生活に埋め込まれているさまざまな出来事がその教材となる。とはいえ、文化祭やいじめ事件などが自ら「教材」になるわけではない。教師には、その出来事のどこに注目し、何に取り組んだらいいかを示すなどして、生徒たちがその問題に取り組み学ぶ筋道や課題を明らかにすることが求められる。この行事や事件にどう取り組み、どのように、何を学ぶのか、要するに教師による出来事の「教材化」である。しかも教材化が求められる出来事は、行事のように予定され計画されたものばかりではなく、事件のように突然発生することも多い。そこでは経験や熟達に基づく即興性がまさに求められる。

●生活指導における「二重の目標」——方法的特徴②

「教材化」と関連して第二にあげられるのは「二重の目標」ということである。行事の場合、表向きの目標はもちろんその行事そのものの成功である。体育祭などでは「学年3位以内」などといった目標が掲げられることもある。また事件の場合は、たとえばそのいじめの解決など、事件の解決がもちろん一つの目標になる。

しかし生活指導には常にもう一つの目標がある。それは、その取り組みを通して生徒たちが何を学び、また生徒たち同士の関係がどう変わるかということだ。生活指導教師は、一つひとつの行事や事件に取り組むにあたって、行事の成功や事件の解決だけでなく、そのなかでの生徒たちの学びと〝場〟の変化を常に念頭においている。たとえば行事では、ふだんあまり交わりのなかった生徒同士が関わったり、ふだんとは違う顔が現れることがままある。そうした状況では新しい摩擦や、あるいは潜在化していた対立が表面化するなども生じる。それらはむしろ格好の学習素材であり、生徒たちが〝場〟により開かれていく契機でもある。

●生活指導における「指導」——方法的特徴③

「指導」というと何か教師が生徒に無理矢理やらせるというイメージをもたれることがある。学校教師たちのなかでもこれを誤解していることがままある。ある校長が「生徒には教師の指導に従う義務がある」と言ったことがある。指導には従う義務はない。指導というのは、あくまで生徒に理解を促し、あるいは説得して、納得を得ることが前提条件となる。またそのためには教師が生徒にとって信頼に足る存在であることが必要である。だから生活指導における指導は、対話的なものになる。生徒の言い分をよく聴き、共感できる部分があれば共感し、おかしいと思うところがあれば、そのおかしさや教師の思いをきちんと伝える。教師の言葉はあくまで合理的で説得的であることが必要だ。そういう対話の過程で、たとえば乱暴な行動で表現されていた感情を言葉にしていくことも、対話の重要な役割だ。

ちなみに学校には、生徒に従うことを義務づけるルールもある。これは指導ではなく管理だ。たとえば生徒や教職員の安全を守るための暴力行為の禁止など。これを犯した場合は、校長による訓戒、謹慎、停学、退学（高校の場合。義務教育ではできない）などの懲戒が与えられる。あるいは、登校時間・下校時間や日課なども管理にあたる。これに従うことは生徒全員に原則として義務づけられている。こうした管理が何らかの形で存在することも、程度や形の違いはあれ、ユースセンターなども同様だ。

●生活指導における「見通し」――方法的特徴④

最後にあげるのは「見通し」ということである。①でも触れたように、事件など生活指導にとって重要な状況は往々にして突発的に生じる。しかし、そうした事件の多くは実は生徒たちのなかでの関係性や学級の雰囲気の微妙な変化など、一定の前兆をともなっている。たとえばいじめの場合、特定の生徒やグループによる他の生徒への嫌がらせが次第に広がったり、それを許容したり場合によっては、おもしろがる雰囲気が周りの生徒に広がるなど。

教師はそういう状況を観察しながら、いつか「事件」が起こることを予測する。もちろんいつ、どんな形で起こるかまで具体的に予測することはできない。しかし何らかの形で起こることを予測しながら、それをどう「教材化」するかをあらかじめ考えておく。どんな事件がどんなタイミングで起きたら、そしてそれをどのように問題化すれば、それが多くの生徒に「解決すべき問題」として認識させることができるか。つまり生活指導の即興性とは、教師のこういう日常的な観察と見通しに裏づけられている。観察とはいっても必ずしも教師はただ黙って見ているわけではない。問題になりそうな行為・行動を見かけた場合、注意を与えるなど、そういう状況の問題性を認識していることを示し、当事者にも周りの生徒にも問題性を認知させるなどを積み重ねる。そうしながら教師は、これに周りの生徒らと共に本格的に取り組むべきタイミングを待つ。

ここでも重要なことは、事件は教師が解決するのではないということだ。解決するのは教師の援助を受けた生徒たち自身だということである。だからこそ「事件」は生徒たちの多くにわかりやすいものであるべきだ。たとえば類似した事件が立てつづけに生じることもままある。そういうときに、それぞれの事件にきちんと対応しながらも、そのどれをこそ中心的に取り上げるかも、教師による「教材化」にかかっている。

（4）生活指導とユースワーク

ユースワークと学校の生活指導では、条件が異なるところも少なくない。学校では学級のメンバーはふつう、最低1年間は変わらない。また病気などの理由でなければ必ず全員が出席することが建前となっている。こうした条件のもとでは、たとえば1年間の学級の目標とか、あるいは3年間の学年の目標など、長期的な目標や見通しも立てやすい。それに比べ、ユースワークの場は、メンバーの入れ替わりも多く、来る来ないもそれぞれの自由である。

しかしそうはいっても、一定のメンバーがある期間参加しつづけ、そのなかで一定の関係性がメンバー同士に生じることはままあるし、またそういうヨコの関係性を育むこと自身、ユースワークの重要な役割である。そこに生じる新たな交わりや摩擦などを、どう「教材化」するか。あるいは時たまセンターのなかで起こる「事件」を、処理すべき困ったことと考えるのではなく、むしろ若者たちがその解決に取り組み、学び、成長するための「教材」としていく。そういうところからは、学校教師たちの生活指導の経験から得るものも少なくないのではなかろうか。
　一方、学校教師にとっても、ユースワークから学ぶものは少なくない。たとえば学校教師は、学校という強い枠組みがもたらす「権力性」に無自覚なとき、知らず知らずに生徒たちに活動への参加などを強制してしまうことがままある。あくまで若者たち一人ひとりの自発的参加に基づくというユースワークのボランティア性[3]は生活指導にとって重要な視点の一つだろう。

【注】

1 生活指導に関するおもな参考文献としては、以下がある。全国生活指導研究協議会編『月刊生活指導』学事出版、全国高校生活指導研究協議会編『高校生活指導』教育実務センター、日本生活指導学会編（２０１０）『生活指導事典』エイデル研究所、望月一枝・森俊二・杉田真衣（２０２０）『市民性を育てる生徒指導・進路指導』大学図書出版。

2 本書１―❷でも述べているように、「即興性」はユースワークのスキルの重要な要素の一つとされている（In Defence of Youth Work. (2012). This is Youth Work: Stories from Practice. https://indefenceofyouthwork.com/the-stories-project/ ２０２２年12月16日アクセス）。

3 本書１―❷でも述べているように、参加の自発性（young people choose to be involved）は、イギリスのユースワークにおいてもっとも重要な原理とされている（In Defence of Youth Work. The IDYW 'cornerstones' of youth work. https://story-tellinginyouthwork.com/the-idyw-cornerstones-of-youth-work/ ２０２２年12月16日アクセス）。

2 場をつくる学びを組織する地域社会教育

●――宮﨑 隆志

(1) 地域社会教育とユースワーク

地域社会教育は地域の実際生活において生じる疑問や不安の学習要求への転化を促しつつ、住民が地域生活に内在する問題を集団的に解決し地域を再創造するために必要になる学習活動を組織する教育活動である。公民館などの社会教育施設のみならず、NPOや協同組合などの地域組織もその担い手に含まれる。ユースワークは、イギリスやアイルランドではYouth and Community Workと呼ばれることがあるが、日本においても戦前来、青年教育は地域社会教育の主要な領域であった。

しかしながら、日本においては青年学級に典型的に示されるように、青年教育のみならず地域社会教育自体が学校教育の補完や代位（安上りな後期中等教育）として位置づけられ、その官制的性格も批判されたという経緯がある。

この批判の背後には、暮らしをつくりかえる自主的で創造的な学びへの根源的な要求がある。それは現在も同様であるが、生涯学習センターなどで組織されている学習実践は必ずしもすべてがその要求に応えるものとは言えないのが現状である。それは暮らしや地域を創造する学びへの要求が当事者にとっても自覚されづらく潜在的であり、その要求を掘り起こすには実践の論理を彫琢する必要があるからである。

地域社会教育が創造的な学びを組織するためには、当事者たち自身が場をつくる経験を重視しなければならないのであるが、この点はユースワークにおける「場づくり」と重なる。

（2）社会教育実践が直面する困難性

公民館等での学習は、たとえばパソコン教室のように操作スキルを学ぶものや子育て支援のように育児行為の経験を共有し行為の質の向上を図るものなどが多い。これらも暮らしのなかの困りごとに対応する学習機会であり、学習者である住民はその機会を利用した練習や工夫によって、困りごとや困難を乗り越えていくことができる。

しかし、そのような努力を重ねても、暮らしのなかで感じる生きづらさは一向に軽減せず、かえって「こんなにがんばっているのに何も変わらない」という絶望感にも似た生きづらさに直面することも稀ではない。そのときに、自己を取り巻く状況は対策のとりようのない動かぬ現実として目の前に現れる。場合によっては、もはや状況に身を任せるしかないという結論にいたることもある。[1]

戦後の社会教育実践をふりかえれば、このような問題に直面している学習者に対する働きかけの内容と方法が社会教育実践者には問われてきたと言ってよい。社会教育実践者の側の選択肢の第一は、その対応の根底には違和感があるのだから「状況は変えられる」と伝えれば学習要求は喚起されるという対応である。その場合、状況変革の可能性を自らが熱く語るのであれば社会運動の組織化に類似していく。その点を自戒して学習の組織化に自らの役割を限定し、状況変革の見通しを得るための社会科学の学習を組織することもありうるが、その場合は学習者に対する啓蒙的立場の克服が課題になる。第二は、話しあいや記録により生活のなかの違和感を共有し、その解消のための実践課題を探求するという対応である。この場合は、なんでも語りあえる仲間集団を組織することに実践者の課題は設定される。そのような集団が形成できれば、問題が外在化される（自分から切り離される）可能性は高く、その限りで「現状を甘受するしかない」という物語が変更される可能性も同程度に生じる。しかし、以下に見るようにその可能性を現実化するにはさらなる条件が必要である。

以上の二つの対応は、啓蒙的か当事者が主体になるかという形式上の違いはあるものの、違和感の背後にある問題を客観化・対象化し、曖昧な問題理解を解消すれば状況への対峙の可能性が開かれると理解する点では共通している。そしてその可能性を拓くことが「現状を甘受するしかない」という物語の書き換えにつながることを期待する点でも共通している。しかし、客観化・対象化は問題を自分から切り離すことを意味するのであり、その延長線上で状況を理解すると、状況も自分とは切り離された空間として静的に理解される可能性も生じる。[2] たとえば、自分の生きづらさの背後には日本社会の構造的な問題があることを理解したとすれば、政治的課題は明確になるものの、日常の暮らしをどのようにつくりかえるのかは必ずしも見通せない。つまり、状況と自己との距離が大きい場合は、そのような認識をもたらす学習が状況変革を志向する実践の動機の形成にはつながらず、逆に、その距離を埋めてくれる理論や実践に傾倒し、さらにはそれらを体現する指導者に帰依するという現象さえ生じかねない。社会教育施設で状況を対象化する学習が組織される場合は、施設の内（学習）と外（日常の実践）をどうつなぐかという問題が不可避的に生じてきた。

（3）状況を超える学習

このような帰結を超える学習論の探求と構築が1960年代以後の社会教育実践の基本的な課題であった。たとえば、山形県農民大学などに代表される地域の大学運動[3]は、状況を変革し歴史を創造する主体の形成を意図したものであった。「大学」としての問題の探求により問題を課題に変えることがめざされたが、それは現在の状況の先（未来）を対象や目的にすることを意味する。批判的教育学の立場から、社会教育のみならずユースワークや社会運動、社会福祉等の多領域において国際的に影響を与えたP・フレイレの意識化論とその実践も、状況を超え再構成する主体の形成にいたる学習の構築をめざしていた。その学習は創造的学習と呼ぶことができるが、創造への鍵を握るのは空間の時間化であり、それを可能ならしめる時間意識の形成である。

場づくり実践の意義はここにある。場は何らかの活動により構成される空間であるが（活動がなければ単なる物理的空間しかない）、活動のあり方によっては場と活動との関連は意識にのぼらない。すなわち、誰かによりあらかじめ目標が定められ、方法や過程も統制された活動は、その活動プログラムを作成した主体の意図をくみ取りつつ当該主体の代わりに、その意図を具体化する活動でしかない。その活動の結果として構成される場はこの種の活動が自分自身のものにならないのと同様に、活動する主体が帰属する世界にはならない。帰属する場をもたない個人は時間を物理的な時間（t1,t2……tnのように空間化された時間）[4]としてしか理解できなくなる。

それに対し社会教育実践は、諸個人が種々の状況のもとで抱く違和感や疑問を学習の動機として重視する。違和感を生み出す状況を媒介項としながら問題を探求し解決する諸個人の対話と協働を組織するが、その活動の目的も方法も当事者たちが模索し探求するように細心の注意を払う。そのような活動（協働）により生成する場は、自分たちで創造した場であり、その経験は単なる帰属感（Sense of belonging）を超えた当事者意識（Sense of Ownership）を生み出す。そのような意識を備えた協働の主体（協働する集団的主体）は自治と自律の主体と言い換えてもよい。

つまり、社会教育実践は、場そのものよりも場をつくることに価値を見出す。さらに誤解を恐れず極言すれば、問題解決の成否以上に、場をつくる過程で生成する第二次学習によって形成される自治の主体の形成に価値をおく。当事者に内在する矛盾は一時的には解決できても根本的な解消は容易ではない。それにもかかわらず当事者が主体の位置を保持できるのは、「賽の河原」のようにさえ思える矛盾の連鎖に向きあいつづける場合である。場をつくる主体は、場を生成の相において把握する（空間の時間化）のであり、空間としての場も生成の過程のなかにある可変的形態として把握するようになる。[5]社会科学などの理論はこの把握と同期するときに実践の理論となり、この把握を強化することにより矛盾に対峙する主体を支えることができる。

日常生活（実際生活）における場の経験は、民衆が状況を把握する際の理論モデルや世界観を形成するが、場づくり経験により形成されるモデルや世界観は、日常生活者としての民衆が状況をも生成の相において把握すること、そして現在の状況の先にある世界を実現されるべき必要として理解することを可能にする。戦後の地域社会教育には住民自治の力を生み出すことが一貫して期待されてきたが、[6]その期待に応えるためには、以上の学習と主体の形成の論理を社会教育実践者が自家薬籠中のものにすることが必要であろう。

（4）物語と場づくり

そのような地域社会教育の立場からすれば、物語ることによる問題の外在化と自己の省察にとどまらず、諦念の物語が書き換えられる条件と過程が実践上の焦点になる。もとより物語をつくり編集する権利は当事者以外にはなく、それを強制的に書き換えさせることはありえない。しかし、個人が当事者意識を形成しながら物語を編集する自由度を高めることは民主主義が教育に要請する課題である。したがって物語を自由に編集し場合によっては書き換えられる学習空間の、学習者による集団的創出の保障は、社会教育実践の基本課題であり学習権の保障にかかわる責務でもある。

このような学習空間の創出は、自己教育運動であれ社会教育活動であれ、社会教育実践である限り核心的価値として措定されねばならない。公民館における学習内容の自主編成や公民館運営審議会を通した学習の場の集団的な方向づけ、社会教育委員による社会教育計画の策定も、創造的学習の論理をふまえた地域社会教育実践においては、すべて場をつくる実践としての可能性を有する。

【注】

1 操作・行為・活動の次元に対応した学習の質的な差異については、ユーリア・エンゲストローム（1999）『拡張による学習』山住勝広ほか訳、新曜社（Yrjoe Engestroem. 1987. *Learning by Expanding An Activity-Theoretical Approach to Developmental Research*. Cambridge University Press）を参照されたい。

2 生活記録実践で書く「私」を意識する重要性が強調されてきたのも、そのリスクを超えるためであった。たとえば、鶴見和子（1998）「主婦と娘の生活記録」、『鶴見和子曼荼羅Ⅱ』藤原書店。

3 宮﨑隆志（2015）「地域教育運動における地域学習論の構築──北方性教育運動の展開に即して」佐藤一子編著『地域学習の創造』27−49、東京大学出版会。

4 ユージェーヌ・ミンコフスキー（1972）『生きられる時間1』中江育生・清水誠訳、みすず書房（Eugene Minkowski. 1933. *Le temps vécu*. Neuchâtel Suisse）。

5 パウロ・フレイレ（1979）『被抑圧者の教育学』小沢有作・楠原彰・柿沼秀雄・伊藤周訳、亜紀書房（Paulo Freire, 1970. *Pedagogy of the Oppressed*. Penguin）。

6 宮崎隆志（2004）「地域づくり教育論」日本社会教育学会『成人の学習と生涯学習の組織化』61－75、東洋館出版社。

3

人を育てる場づくりとしての「コミュニティワーク」

●——木戸口正宏

（1）地域社会が直面する「危機」と「コミュニティワーク」

社会がさまざまな「危機」や「困難」に直面したとき、「地域」や「コミュニティ」は、しばしばその価値が「再発見」され、あるいはまたその「再生」「再創造」の必要性が指摘されてきた。それらは人々の生活や「ニーズ」の基本単位として、あるいは人々の意識や文化、政治や行動を規定する土台として、さらには既存の社会に変化をもたらす実践の舞台・拠点として、さまざまな議論や調査、働きかけの対象となってきた。そうした「地域」「コミュニティ」への、あるいはそこで生活する人々（個々人だけでなくさまざまな集団・組織も含めて）への「働きかけ」のなかから「コミュニティワーク」

は生まれてきた。

「コミュニティワーク」は「地域社会における生活に影響を与える問題に関与し、人々が集団的な活動をもって問題を解決しようとするのを援助するプロセス」[1]と定義される活動の総体であるが、その内実はかなり幅広い[2]。

「コミュニティワーク」は、多くの場合、実態調査や聞き取りなどを通じた地域課題の把握から始まるが、そうして見出された「課題」は人々の間で共有されながら、当事者・関係者が議論や意見交換を積み重ねていくための出発点となっていく。そうした議論の積み重ねを土台として、その「課題」を解決するための直接・間接のさまざまな行動や、そこに向けた地域資源の開発や関係する諸団体との調整に向けた人々の動きが生まれてくる。その「動き」は、それぞれの地域コミュニティのなかで、新たな政策・制度として結実していくこともあれば、もともとの地域課題の背景にある政策上・制度上のより大きな問題や、社会構造の問題にまで視野を広げ、その変更を求めるアクションへと広がっていくこともある。

しかし重要なことは、それぞれの活動の結節点において、当事者が集まったり交流したりすることを促すような、あるいは学びや交流が生まれるような〝場〟の存在が必要不可欠であるということだ。

むしろそうした〝場〟をつくりあげることが、また何よりそうした「場づくり」の過程を通して、そこに参加した人々が、その地域課題の当事者として自らを意識することこそが「コミュニティワーク」の中心的な内容であると言えるだろう。その点でコミュニティワークとユースワークには多くの共通点が存在している。

（2）「コミュニティワーク」が直面する課題

社会福祉分野における直近の政策的動向やそのもとでの地域社会の大規模な社会変容、さらには既存の社会福祉制度・施策の「縦割り」「機能不全」を背景に、近年あらためて社会福祉やまちづくりの領域において「コミュニティワーク」への着目が生まれている。しかしそこにはさまざまな課題も見え隠れする。

たとえば現在の地域コミュニティが直面する課題は、ますます複合的・領域横断的になっていく一方で、[3]「コミュニティワーク」の名のもとでおこなわれる取り組みが、しばしば「福祉」という枠・領域に縛られ、本来ひと続きのはずの地域課題もまた「縦割りとタコツボ」の「行政」や「政策」の枠内に閉じ込められてしまっている状況がある。

そのため地域のさまざまな課題の解決に必要不可欠な、既存の福祉行政や制度的・政策的枠組みの問い直しや、社会構造の問題に目を向けることが禁欲されてしまい、もっぱら住民の「善意」に依拠した活動や、形だけの住民「参加」、あるいは行政の肩代わり的な「動員」にとどまってしまう状況もまた生まれている。

加えて既存の制度の範囲内に自分たちのできることを限定しているために、実践者の側もまた、地域課題の解決や、その取り組みを通して地域住民を「当事者」として組織することへの見通しがもてず、実践が「窮屈」になり、かえってしんどくなっている状況も指摘されている。[4]

（3）「場をつくる」実践としての「コミュニティワーク」

どのようにすれば「コミュニティワーク」は、それが本来有している可能性を開くことができるのだろうか。こうした点を、筆者が関わりをもっている地域づくり・地域福祉の取り組みにそくして考えてみたい。

北海道釧路市の「Frame Free Project（ＦＦＰ）」は、そうした〝場〟、「コミュニティ」づくりの試みの一つである。

ＦＦＰでは、生きづらさを抱えた若者たちが、大人たちと共に、「生きづらさ」の根源である「自分」がとらわれている価値観」や、その背後にある社会構造の問題に目を向け、「自分」自身を取り戻していく語りあいや「研究」の場を積み重ねている。[5]

若者たちは、それぞれの育ちのなかで経済的困窮など家族をめぐる困難に直面し、自己肯定感の低さや日々の息苦しさといった生きづらさを抱えていたという。しかし同時に彼らは、その「環境」になんとか「適応」し生き延びようと、さまざまな「サバイバルスキル」を身につけ、日々をしのいでいた。

彼らは釧路における（食の提供も含めた）住居支援や相談支援、学習支援や就労支援、さまざまな社会体験など、包括的な生活支援を通して、少しずつ「私」を取り戻していく土台を形作っていった。しかしそうした生活「支援」だけでは、社会のなかで「ないものとされた」自己の存在（「私」）を取り戻せたという感覚がなかなか生まれてこなかったのだという。

そうしたなかで、支援者として若者と関わりつつ、共に生活や議論の場を共有する存在でもあった日置真世は、若者たちと共に「フィードバック研究会」という活動を立ち上げる。活動のなかで、若者たちは「家族って？」「ふつうって？」「恋愛とは？」といったテーマにそくして、自分自身の経験や価値観を語りあい、交流を重ねていく。そしてそれぞれの言葉の「中身」、お互いの見方の違いや重なりを掘り下げていくなかで、無自覚に社会の「当たり前」（価値観・規範）にしばられていたことに気づき、苦しさや生きづらさの原因が「自分」だけにあるのではないこと（あるいは「無理解な親や周囲の大人たちのせい」だけでもないこと）にも目を向けていく。そうした学びと交流の積み重ねに裏づけられた、日々の生活や活動を通じて、「ようやく『私』が積み上がり、社会につながっている手応えを感じ、生きている実感が沸いて」きたと若者たちは語る。そうした実感は、若者たちがやがて「自分の課題」を「社会の課題」と結びつけながら、それと向きあっていくための重要な土台となっていく。

ＦＦＰでは、このほかにも若者支援に関わる研修や学びの場で、自らの体験を語り、支援者と共にその体験の意味を考えあう「講師派遣」活動、あるいは「一緒にご飯を食べる、思いっきり遊ぶ、知らないところにでかける、一緒に話す」など「日常を共に過ごす」ことを「当たり前のものとしてふつうに経験する」「日常活動」など、さまざまな活動に取り組んでいる[6]。

重要なのは、こうした活動が、いずれも当事者の声や経験を出発点とするとともに、それらを安心して表出できる、また受けとめてもらえると感じられる「場づくり」へとつながっていることだろう。こうした場の一員として参加することを通して、若者たちは、自分と他者、自分と社会とをつなぐ新たな視点を得るとともに、場の当事者として自分を位置づけ直すことを足がかりに、自分自身の人生への「当事者性」をも恢復しようとしているのである。

こうした視点は、同じく釧路市を拠点としつつ、インターネット空間を活用しながら、「生きづらさ」を抱えた当事者も含んだスタッフによる運営・交流が試みられている「ネットの居場所ポータルサイト　死にトリ」のさまざまな活動にも共通して見ることができる。

ホームページ上の投稿・アンケート機能を利用して当事者のさまざまな声を集める「こえサーチ」の取り組み、掲示板につらい気持ちをいつでも投稿できる「とりコミュ」には全国のサポーターが返信する。また当事者が自身の生きづらさや「死にたい」「生きていたくない」という気持ちを表現できる「経験談」には、一つひとつスタッフから感想を書き、応答をする。その応答に投稿者から返信が来ることもあり、サイトを通じて社会につながっている実感を得られる社会参加の機会となっている。

SNS上のオープンチャットを通じて、さまざまなテーマで参加者が語りあう「ここチャット」には、この場が「自他の存在の肯定を前提としたやり取り」「考えることや研究すること」「主体的な社会参加」「場のあり方を検証し、必要な形に変えていく」ことを「経験し学び合う機会を得る場」として設けられたことが記されている。そして「違うことを前提としよう」「良い・悪いの評価は控えよう」「分からないことは恥ではない」など、上手な使い方や注意点が丁寧に示されている。

またサイトで実施できる「つらチェック」は、「死にたい」「生きていくのがつらい」という感情を、利用者が言語化していくことをサポートするつくりになっている。

チェックリストに答えていくことで、利用者は、自分がどのような社会的規範や価値観を内面化し、それに苦しめられているのかが見えてくる。それとともに、他者や社会との関わりで、どのような「希望」や「願望」を自身に抱き、どういった現実との「ギャップ」によってそれが実現困難になり、「つらさ」（生きていくことへの意味喪失）を生み出しているのか、分析することができる。

(4)「集う」ことを通して当事者性を恢復する営みとしての「場づくり」

「死にトリ」は公式ホームページの冒頭にこんな一文を載せている。

　このサイトは、「死にたい」という気持ちや「生きていても仕方ない」という思いを今私たちが生きる社会への警鐘であると捉え、同じような気持ちをもつ人たちが出会い、つながり、支え合えるようなコミュニティやネットワークを創っていくことを目的に「ネットの居場所」としてつくりました。「ネットの居場所」死にトリは今の時代でまっとうに悩める人たちのためのささやかな社会参加の場です。[7]

「生きづらさ」の背景には、自分たちを生きづらくさせている社会のありようや、無意識のうちに内面化・規範化してしまっている社会の「正しさ」や「まなざし」がある。ＦＦＰや「死にトリ」に集う若者たちは、日々の生活やネット上の交流を通して、「自分だけの苦しさ・しんどさ」として抱え込んできた事柄を「自分たちの問題」としてとらえ直すとともに、それらを「地域課題」や「社会構造」と結びつけ、自らもまたその「当事者」として、そこに働きかけようとしていた。

そうした当事者性の恢復は、自分たちの集う〝場〟や「コミュニティ」を仲立ちにしながら、それを超え出て、自分たちをしばっている枠組みや社会的な基盤をも、働きかけや変革の対象として位置づけていくことへと結びついていく。それこそが、ユースワークとも相通ずる「コミュニティワーク」の本来的な内実であるように思われる。

【注】

1 西田ちゆき（２０１３）「英国におけるコミュニティケア政策と地域再生政策の視点から」ルーテル学院大学『ルーテル学院研究紀要』46、69－87（http://id.nii.ac.jp/1075/00000295/ ２０２２年2月10日アクセス）。

2 池本賢一・村山浩一郎（２０１９）「わが国におけるコミュニティワーク理論の再構築に向けた試論――コミュニティワークの定義及び範囲に着目して」『福岡県立大学人間社会学部紀要』27（2）、45－58（http://id.nii.ac.jp/1268/00000439 ２０２２年2月10日アクセス）。

3 竹端寛・尾野寛明・西村洋己（岡山県社会福祉協議会監修）（２０１７）『「無理しない」地域づくりの学校――「私」からはじまるコミュニティワーク』（ミネルヴァ書房）、は地域コミュニティが直面する課題について「共同体の弱体化、商店街や地域産業の斜陽、耕作放棄地や限界集落、里山の崩壊や獣害、公共事業・補助金依存型の限界、外国籍やひきこもりの人々の居場所のなさ」などをあげているが、こうした状況は多くの地域に共通するものだろう。

4 先述の竹端らの著作は、まさにこうした状況に対する社会福祉関係者自身の問い直し、学び直しの実践報告でもある。

5 以下の記述については、日置真世（２０１９）「生きづらさを抱える若者たちと学びあう活動の可能性」社会教育推進全国協議会編『月刊社会教育』７５９、33―38、を参照した。

6 同じく釧路市で取り組まれている「暮らしの共済サービス事業　せっせ」では、さまざまな困難を抱えている若者たちが、地域の人々のニーズ、特にひとり暮らしであったり、健康に不安を抱えていたり障がいがあるために孤立しがちな状況にある高齢者の生活要求（買い物、掃除、草刈り、除雪など）に応え、「仕事」としてこれに取り組むことによって社会的自立をめざすとともに、そうした高齢者世帯の生活支援を手がかりに、さまざまな「生きづらさ」を抱える人たちが、世代を超えて支えあう地域づくりが試みられていた。詳しくは木戸口正宏・高橋信也（２０１９）「多様な人たちが支えあう地域づくりの模索――釧路市『せっせ』の試みに着目して」北海道臨床教育学会『北海道の臨床教育学』８、37―50、等を参照。なお「せっせ」の事業については、現在はネットワークサロンおよび「せっせ」の中心メンバーによって新たに設立された任意団体に、それぞれ引き継がれている。

7 「ネットの居場所ポータルサイト～「死にたい」のトリセツ～について」（https://shinitori.net/ ２０２２年2月10日アクセス）。

おわりに

忘れられない言葉があります。イギリスのバーミンガム市内のあるユースワークの現場でのこと。そこでは、出張型ユースワークに取り組んでいました。毎日夕方になるとワーカーがチームを組み、そろいのパーカーを着て、若者たちのたまり場に出かけていきます。部屋の壁にはこの地域の大きな地図が貼られ、地図上あちこちにピンが立っていました。「赤のピンは、関わりたい若者たちのたまり場、青のピンは、関わりができた若者たちのたまり場だよ。ピンを赤から青に変えていくのが僕らの仕事だけど、若者たちに信頼されなきゃ関わりはつくれない。それにはうんと時間がかかる」。

もう一つ、ロンドン市内のあるユースセンターでのことです。ユースワーカーでもあるマネージャーはこんな話をしてくれました。「この界隈《かいわい》は、子どもや若者にとってあまり安全とは言えない。彼らはいつも誰かにひどい目に遭わされないか不安を抱えて生活している。だからこそ、ここ（ユースセンター）だけは、誰が来ても安心して過ごせる安全な場でなくちゃいけないんだ」。

信頼に足る他者がいること。安心して過ごせる場があること。

この二点は、国を越えて、ユースワークとしての若者支援が共有できる中心的価値であろうと思います。そして同時に、すべての子ども・若者に対して、社会が責任もってひとしく保障すべき育ちの環境であろうとも思います。しかしながら、私たちの社会は、その環境づくりがまだあまりに不足しています。それどころか、いっそう奪われつつあると言うべきかもしれません。

私たちは、すべての子ども・若者にひとしく豊かな育ちの環境が保障されるために、まずもってその環境づくりに取り組む若者支援の世界が豊かになることが必要だと考えました。そしてそのためには、ユースワークの視点、とりわけ「場をつくる」視点が不可欠であることを伝えたいと考えました。今後、各地の若者支援や政策形成の現場で、「場をつくる」実践への着目や、表しづらい「場づくり」の価値を伝えるために、私たちが試みた「ストーリーを語り、描く」場が広がることを願っています。私たち自身も今後、国内外の仲間たちとの関係をさらに深め、ユースワークとしての若者支援の世界共通の価値を耕し、それを社会に伝える方法をさらに探索したいと考えています。

本書の刊行までには多くの方にお世話になりました。特に研究会メンバーの実践現場の同僚の方々にはご理解、ご支援をいただきました。本書の刊行をもって、御礼に代えることができれば幸いです。また大月書店の角田三佳さんにも大変お世話になりました。研究会という「場」における私たちの迂遠な議論を励ましてくださったことに、深く感謝しています。素晴らしいカバーデザインをつくってくださった古村奈々さんと井上志鶴子さんにも心から御礼を申し上げます。本書が、若者支援の「場」を豊かにしていくことに、少しでも寄与できたらと願っています。

2022年12月

研究会を代表して　平塚眞樹

松本　沙耶香（まつもと　さやか）
公益財団法人さっぽろ青少年女性活動協会・Youth+センターユースワーカー。ソーシャルワーカー等を経て2006年にユースワーク業界へ。国内・欧州の同業者に刺激を受けながら，近年はユースワークとコミュニティワークの融合を模索中。

南出　吉祥（みなみで　きっしょう）
岐阜大学地域科学部准教授。青年期教育の観点から若者支援実践について研究している。研究と並行して，若者支援に関わる全国各地の実践者をつなげる活動や，岐阜での子ども・若者支援のネットワークづくりにも取り組んでいる。本書関連著作として『「若者／支援」を読み解くブックガイド』（共編著，かもがわ出版，2020年）等。

宮﨑　隆志（みやざき　たかし）
北海道大学大学院教育学研究院教授（社会教育学)。人が育つ地域を創らない限り，さまざまな教育問題は解決できないと考え，コミュニティ・エンパワメントをキーワードに，地域の実践に学んでいる。本書関連著作として『希望への社会教育――3.11後社会のために』（共著，東洋館出版社，2013年）等。

矢沢　宏之（やざわ　ひろゆき）
1960年品川で生まれ，育ち，今も品川に住み，働く。1984年仲間たちと学習塾エルムアカデミーを立ち上げ，2001年から代表。2000名を超える卒業生がいる。彼らと共に生きていく地域を創造していきたい。

横井　敏郎（よこい　としろう）
北海道大学教育学研究院教授。研究分野は教育制度。困難な状況にある子ども・若者の教育機会保障に焦点をあてている。本研究会のつながりが縁でデンマークのオーフス大学教育学部で在外研究をした。本書関連著作として『子ども・若者の居場所と貧困支援――学習支援・学校内カフェ・ユースワーク等での取組』（編著，学事出版，近刊）等。

横江　美佐子（よこえ　みさこ）
公益財団法人京都市ユースサービス協会・京都市南青少年活動センター所長。大学卒業後ユースワーカーのキャリアをスタート。以来，10代の若者たちが育つ場づくりに取り組んでおり，日々，中高生と格闘中。

研究協力
北川　香（きたがわ　かおり）
UCL Institute of Education准教授。専門は参加型防災・防災教育。

ユースワークに出会い魅了される。若者の変化はもとより，若者から受ける学びが何よりも仕事におけるやりがい。若者と一緒に柔軟に変化しつづけるワーカーでありたい。

中塚　史行（なかつか　ふみゆき）
NPO法人教育サポートセンターNIRE代表。生まれ育った東京・品川で，2016年に「子ども若者応援フリースペース」を立ち上げ，国内外の実践を参照しながら，地域に根ざすオープンアクセスのユースワークに挑戦中。

原　未来（はら　みき）
滋賀県立大学人間文化学部准教授。弱さを見せたり語ったりできる若者支援の現場に衝撃を受け，惹かれ，離れられなくなる。特にフリースペース（居場所）を中心に実践・研究しながら，若者や支援者と「共に」楽しみ生きていくあり方を探求中。本書関連著作として『見過ごされた貧困世帯の「ひきこもり」――若者支援を問いなおす』（大月書店，2022年）等。

平野　和弘（ひらの　かずひろ）
駿河台大学スポーツ科学部准教授。生徒指導論・特別活動論・教科教育を研究。若者支援に取り組む一般社団法人Moonlight Project代表理事。15年の夜間定時制高校勤務時代，多くの不登校生たちと出会い，学び直しをさせてもらった。大切な経験だった。本書関連著作として『オレたちの学校浦商定時制――居場所から「学び」の場へ』（草土文化，2008年）等。

廣瀬　日美子（ひろせ　ひみこ）
npo文化学習協同ネットワークが経営するベーカリー「風のすみか」で働く若者と日々を過ごしている。「人はもっと優しくて，社会はもっと面白い」をテーマに，若者と共に行動し，語り，成長できる場をつくりつづけたいと願っている。

福井　宏充（ふくい　ひろみつ）
公益財団法人さっぽろ青少年女性活動協会・Youth+宮の沢ユースワーカー。児童館やユースセンターでユースワークにはまり，近年はキッチンカーを活用したデタッチドユースワークを実践。日々出会う若者から刺激を受けている。

松田　考（まつだ　こう）
公益財団法人さっぽろ青少年女性活動協会・Youth+センター館長。2004年からは定時制高校の空き教室で「学校外の居場所」事業を展開し，学校教育と若者支援をつないだ日本で最初の（自称）ユースワーカー。

執筆者

乾　彰夫（いぬい　あきお）

東京都立大学人文社会学部名誉教授。青年期教育・若者の社会への移行問題などをこれまでに研究してきた。ヨーロッパの研究者との交流や共同研究も数多く経験。本書関連著作として『危機のなかの若者たち――教育とキャリアに関する５年間の追跡調査』（共編著，東京大学出版会，2017年）等。

大口　智（おおぐち　さとし）

公益財団法人さっぽろ青少年女性活動協会・Youth＋アカシアユースワーカー。大学時代から野外での冒険教育をとおした青少年支援に関わる。チャレンジバイチョイスによる若者一人ひとりの成長をテーマにユースワークを実践。一人ひとりが大切でかけがえのない存在として尊重される場づくりをめざしている。

大津　恵実（おおつ　えみ）

北海道大学大学院教育学院博士後期課程。専門は社会教育学。ユースセンターのロビーを中心に，若者たちが緩やかに他者とつながりながら，自分の暮らしをつくっていくことのできる場のあり方を研究している。

岡　幸江（おか　さちえ）

九州大学大学院教授（社会教育学）。ユースワークとは無縁（？）ながら，人の魅力に負けて研究会メンバーとなり，海外調査や議論を楽しみ，ついには人生初の海外（スコットランド）滞在まで導かれた。本書関連著作として「『地域学習』再考――社会教育における共同の視点から」（『教育学研究』87(4)，2020年）等。

勝部　皓（かつべ　あきら）

一般社団法人Atlas副代表理事。大学時代から中高生の居場所づくりの実践に関わりつつ，大学院時代には研究もおこなう。現在は，主に中学生の場づくりと生活支援に取り組む。若者の今を大事にするユースワークをめざしている。

木戸口　正宏（きどぐち　まさひろ）

北海道教育大学釧路校講師。生活指導・進路指導論。困難を抱える子どもたちの学習・生活支援や多様な人たちの居場所づくりを続けているNPO・福祉行政の活動に学びながら，子どもや若者が安心して暮らせる地域・コミュニティづくりについて考えている。本書関連著作として「居場所に根ざし『社会』をつくる」（『教育』920，2022年）等。

國府　宙世（こくぶ　みちよ）

公益財団法人京都市ユースサービス協会・京都市北青少年活動センター所長。20代後半に

編者
平塚　眞樹（ひらつか　まき）
法政大学社会学部教授。人の育ちの環境に関心をもって研究する過程で欧州のユースワークに出会い，これこそ自分が考えつづけたかったものだと惚れ込む。以来その世界で出会った国内外の人たちと，若者もワーカーも社会も育つ場づくりを探求中。本書関連著作として『若者支援の場をつくる』1（編著，Kindle版，2019年）等。

著者
若者支援とユースワーク研究会
若者支援に関わる各地の実践者と研究者が参加する学びあいの場。イギリス，フィンランド，デンマーク，アイルランド等のユースワーク関係者との交わりを深めながら，若者支援とは何か，を問いつづけている。研究会は2012年から日本学術振興会の科学研究費助成事業を受けて実施されている。
（ウェブサイト https://www.learning-youthwork.com/）

装丁　古村奈々＋Zapping Studio
イラスト　井上志鶴子

ユースワークとしての若者支援――場をつくる・場を描く

2023年2月15日　第1刷発行　　定価はカバーに表示してあります

編　者　平塚眞樹
発行者　中川　進

〒113-0033　東京都文京区本郷2-27-16
発行所　株式会社　大月書店　印刷　三晃印刷　製本　中永製本
電話（代表）03-3813-4651　FAX03-3813-4656／振替 00130-7-16387
http://www.otsukishoten.co.jp/

ISBN978-4-272-41265-5　C0037 Printed in Japan